EL PAPÁ IMPERFECTO

EL PAPÁ IMPERFECTO

JUNIOR ZAPATA

HOJAS DEL SUR

www.hojasdelsur.com

Zapata, Junior
El papá imperfecto - 1a ed- Ciudad Autónoma de Buenos Aires: Hojas del Sur, 2011.
180 p.; 21x14 cm.

ISBN 978-987-26773-7-4

1. Familia. I. Título
CDD 248.5

IMPRESO EN COLOMBIA

Queda hecho el depósito que marca la ley 11.723

Albarellos 3016, Buenos Aires - Argentina

www.hojasdelsur.com

ISBN 978-987-26773-7-4

Publicado por Editorial Hojas del Sur S.A.
Distribuido por Editorial Peniel

Dirección Editorial: Andres Mego
Producción y Edición: Mercedes Carreira
Diseño de portada e interior: Juan Shimabukuro
Fotografía de Tapa: Billy Aguilar (Estudio Fresco - Guatemala)

Esta edición se termino de imprimir en Octubre de 2011

A Virgilio Zapata, mi padre.
Un hombre que siempre ha caminado
en su casa con integridad de corazón

Agradezco a mi esposa Any;
Dios te ha coronado con una gracia y hermosura
que aún hoy, el corazón
se me salta cada vez que te veo.
Gracias por tolerarme
y ser mi musa mientras pretendo ser escritor.

A «Resortes» y «Chispaz», mis dos hermosas hijas
con quienes siempre reímos tanto ¡que a veces
no llegamos a tiempo al baño!

A todo el Staff de Hojas del Sur:
¡Que el «Sur» no los pueda contener!

ÍNDICE

NO PUEDO SER UN PAPÁ PERFECTO.
PERO SÍ PUEDO SER UN PAPÁ
QUE AMA PERFECTAMENTE.

INTRODUCCIÓN

Siempre me consideré un experto en cómo criar hijos… hasta que tuve dos.

Ser papá no es un asunto difícil, ¡es prácticamente imposible! Estoy seguro de que las personas que dicen tener la clave para ser papás perfectos, no han sido papás.

Si ser papá fuera fácil, libros como éste no serían necesarios. Créeme, yo soy la persona más indicada para escribir este libro. Si le preguntas a mis hijas, ellas te dirán que su padre, yo, es un perfecto papá imperfecto.

Quise escribir sobre cómo estoy logrando que mis hijas sobrevivan al hecho que soy su padre, porque sé que hay muchos, que, al igual que yo, se han cansado de perseguir la imagen imposible de ese papá sonriente que carga un hijo en los hombros. Mientras, con la mano derecha, hala a una nena de dientes perfectos y es seguido por esa esposa radiante y feliz que salta a su lado. Por supuesto, todo esto ocurre, en un campo hermoso de flores silvestres amarillas.

No sé tú, pero, en mi caso, estoy cansado y no quiero cargar a nadie, mucho menos en los hombros. Y eso de halar a una nena de dientes perfectos por campos floridos sucede sólo en la mente *Photoshop*. ¡Los nenes tienen los dientes torcidos! No es malo, es lo normal. Además, en los campos floridos no se puede correr como en la foto porque uno se tropieza con tanto matorral.

La esposa. La esposa no salta porque está feliz, salta porque está tratando de alcanzarte. Tiene miedo de que botes al nene que llevas en los hombros. Por eso salta, no de alegría, sino para salvarle la vida a la criatura.

Yo no puedo ser como ese papá que aparece en los libros de familia y paternidad. Papás como yo, somos imperfectos. ¿Qué tiene de malo?

El 50% de lo que sé de ser papá, lo aprendí del mío; el otro 50%, de mis hijas. Lo bueno de esta fórmula es que cuando meto las patas puedo echarle la culpa a alguien más.

Mi padre pasó una vida enseñándome a ser papá sin sentarse a enseñarme a serlo. No me decía cómo tenía que vivir mi vida. Él sólo vivía cada día y me dejaba aprender de su ejemplo. Todos los días se le desprendía algo que me enseñaba a ser papá. Su mano fuerte esculpió mi carácter y su mano cariñosa meció mi corazón. Su ejemplo en la vida diaria era una enciclopedia de la paternidad. Siempre lo honro diciendo que si tan sólo mis hijas me llegaran a admirar la mitad de lo que yo lo admiro, seré feliz.

Mis hijas, con mucha gracia, me hacen pensar que yo sé lo que estoy haciendo y a diario me enseñan a ser papá. Sus ojitos se clavan en mi corazón cuando me equivoco, sus sonrisas me acusan cuando hago el ridículo y sus actitudes me dicen que, a pesar de que soy un papá imperfecto, más de una cosa estoy haciendo bien. Hay esperanza. Lo mejor que podemos hacer es permitir que nuestros hijos nos enseñen a ser padres.

He comprendido que el tener hijas no me hizo papá. Lo que me está haciendo papá es criarlas. Les estoy enseñando acerca de la vida, de la familia y de cómo hacer travesuras sin que su mamá se dé cuenta.

No tengo la clave del éxito para ser un buen papá. Pero sí sé con seguridad que para fracasar como papá todo lo que tengo que hacer es hacerles sentir a mis hijas que las tuve por tenerlas y no porque mi esposa y yo nos amábamos.

Al hablar en muchos países con jóvenes y con padres, confirmo constantemente que la familia está en crisis. Este tema es importante, al menos lo es para mi familia, ojalá lo sea para la tuya. Además, trabajando en la educación, tengo que decir que el problema con niños y niñas es que hay que soportar a los papás. Los problemas más grandes de nuestros hijos generalmente somos los papás. En parte, porque puede ser muy difícil ser papá; y en parte, porque en la sociedad no ayudamos a que los papás imperfectos mejoren cada día. Por eso este libro.

Tengo que confesar que para mí el trabajo de ser papá, ha sido relativamente fácil comparado al de otros papás en el mundo. Ahora, tal vez mi esposa tenga otra opinión acerca de mi desempeño como papá, ¡pero eso quedará en los archivos secretos!

La verdad es que una de las cosas más difíciles de ser papá ha sido acordarme el nombre de mis dos hijas, la fecha de sus cumpleaños y su edad -por alguna razón para las mujeres esto es muy importante-.

Sin embargo, tengo dos pequeñas maravillosas que hacen de esta tarea un gozo y que, a través de los años, me han enseñado cómo ser papá. No las cambiaría por ningún otro hijo en el mundo. Siempre les digo: «Todos los papás del mundo deberían conocer la dicha de tener hijas como ustedes».

Ellas constantemente se están peleando, discuten mucho. Una siempre dice que lo que sucede es que yo quiero más a la otra, que la otra es mi preferida, ¡por supuesto! Claro que de mis dos hijas tengo una preferida. ¿Quién no tiene un hijo preferido? El problema es que ninguna de las dos me cree que es ella. No sé cómo convencerlas.

Hay un sin fin de reglas para ser padre y luego, para ser un «padre exitoso» hay más aún. Yo decidí reescribirlas todas para que me fuera más fácil ser papá y mis hijas pudieran sobrevivir al hecho que yo soy su padre.

Nadie puede escoger quiénes son sus padres; pero sí podemos escoger qué clase de hijos vamos a tener. Cada día, con cada gesto, con cada palabra, con cada imperfección de nuestra paternidad, los papás decidimos qué clase de hijos, qué clase de hijas vamos a criar.

Lo que llegan a ser en la vida, no es casualidad, es resultado directo de nuestro amor por ellos.

Hoy, no soy una autoridad en el amor, pero espero poder graduarme con honores de esa escuela al final de mis días. No sé por qué estoy escribiendo este libro mientras aprendo a ser papá; tal vez lo debería escribir cuando mis hijas ya no estén en casa, pero para entonces es probable que no recuerde nada de lo que hice.

Aunque sea el papá, la última palabra en ser padre no la tengo yo, la tienen mis hijas. Por eso, astutamente las observo cada vez que va a ocurrir algún acto de paternidad para saber si lo estoy haciendo bien o no. Sus ojitos, cuando me miran con confianza absoluta, me afirman que no soy tan tonto como pienso.

—¡Gracias nenas!.

Por supuesto, los papás sentimos que tenemos la última palabra, pero hemos sido engañados por los servicios de inteligencia que superan a los nuestros.

Alguien dijo que no entenderemos la naturaleza humana hasta que no sepamos por qué un niño subido en un carrusel saluda a sus papás en cada vuelta; y, cada vez que pasa frente a ellos, los papás le devuelven el saludo.

Nuestros hijos son felices cuando nos ven; nosotros, los papás, somos felices cuando ellos son felices. La verdad, tenemos que admitir que trabajamos para nuestros hijos e hijas. Trabajamos para su felicidad.

Al final de nuestros días, ellos nos recordarán como papás imperfectos. Recordarán que cada vez que daba vuelta el carrusel nos saludaban y, en cada vuelta, nosotros los saludábamos también.

El papá perfecto es el que saluda en cada vuelta porque los libros y los expertos dicen que los padres deben de saludar a sus hijos en cada vuelta. El papá imperfecto, es el que no sabe por qué lo hace, pero sospecha que es porque su hija o su hijo lo saludó.

Uno de los grandes poetas de *La Biblia*, el rey David, escribió: «Quiero conducirme en mi propia casa con integridad de corazón». (Sal. 101).

El papá imperfecto es despistado, no sabe por qué saluda en el carrusel. Se equivoca, comete errores. No siempre sale bien en la foto. Piensa que *Facebook* y *Twitter* son primos de Timón y Pumba. Se le olvidan las cosas. No sabe todo acerca de ser papá y a veces ni se acuerda que es papá. Pero puede ver a sus hijos e hijas a los ojos y decirles que él desea conducirse en su propia casa «con integridad de corazón» y sus hijos, sus hijas, le creen.

JUNIOR ZAPATA
GUATEMALA

CAPÍTULO 1

EMPECEMOS POR EL FINAL

ES MUY FÁCIL PARA LOS PAPÁS TENER HIJOS.
ES MÁS DIFÍCIL PARA LOS HIJOS TENER PAPÁS.

Anoche moriste.

Hoy, te llevan adentro de una caja que nunca te dieron la opción de escoger. La verdad es que te molesta tanto satín, esa tela como oro de tontos imitación de seda que usan los que quieren ser ricachones. Es resbalosa, además, de color blanco. «Odio el blanco», murmuras mientras tratas de ver qué otras horrendas cosas lleva la caja por dentro.

Te vistieron con ese traje que sabes que no te queda bien. Y la corbata, esa corbata que usabas sólo para que tu hija pensara que te gustaba, y que siempre, al subirte al auto, te la cambiabas porque se parecía a la de Bob Esponja.

Sientes de inmediato que el embalsamador no tuvo la decencia de ponerte ropa interior. Hubiera sido bueno, piensas, que por lo menos te enterraran con tus tus *boxers* preferidos; esos de Mickey Mouse que compraste en Orlando.

La caja se mueve, se mueve. «¿Por qué no la pueden cargar sin zarandearla?», te preguntas mientras te sientes como en el crucero al que nunca llevaste a tu familia.

Sin aviso: «¡tomp!», a pesar de la almohada confeccionada con ese odioso satín, tu cabeza golpea contra la madera cuando colocan la caja sobre los estrados por encima de la fosa de entierro. Era obvio que los que cargaban la caja, de alguna manera, estaban aliviados de dejarla.

«Descanse en paz», dices entre dientes y con sarcasmo de viejo amargado.

Los sonidos enmudecidos por lo hermético de la madera barata -aunque se la vendieron cara a tu familia- te pintan algo de la escena afuera del ataúd.

Te esfuerzas por escuchar con más atención para descifrar el barullo cuando la luz cegadora te pega como una patada en el rostro.

Alguien -«¿a quién se le ocurre?», gritas en tu mente-, alguien abre la maldita ventanilla del féretro y deja entrar toda la luz del sol, que a medio día está colgado exactamente encima de tu rostro. El sol te sonríe con sarcasmo, sabe que pronto estarás con él. Y a los vivos, a los vivos los sonríe con ternura tratando de no molestar su día sombrío.

Cuando tus ojos al fin se ajustan a la luz, puedes contemplar el verdor de los árboles que se precipitan con morbo para verte la cara.

El sol, el sol te sigue sonriendo como la Mona Lisa.

Te sorprende qué poca gente hay en tu funeral. «Ha de ser la hora», piensas. «¿A quién se le ocurre un entierro a medio día?», a tu familia. Se querían despedir de ti a la hora en que pensaron que más gente iba a poder concurrir.

Son pocos, pero los pocos que están, están tristes. Los ves y los oyes llorar.

Sientes cómo uno a uno de tus hijos pasan su mano sobre la madera pintada del ataúd y acercan su rostro a la ventanilla. Cada uno se despide en llanto. Tu hija, hace lo mismo, pero llora más porque le duele más.

Pasa tu esposa, y luego dos amigos. Uno que no veías desde la infancia, y tu vecino, al que le guardabas un secreto de faldas. «…mmm, querías asegurarte que el secreto se iba conmigo…», le dices sabiendo que no te escucha.

Después, nada. Sólo el sol, que ahora entre su sonrisa, te enseña los dientes.

«¿Dónde está el resto?», murmuras enojado. «Toda esa gente en quien invertí tanto tiempo y esfuerzo». El sol te levanta una ceja como sabiendo la respuesta.

En tu mente empiezas a enumerar nombre tras nombre los de todos los vivos con los que pasaste tiempo. Contabilizas con agilidad aquello que sacrificaste para lograr lo que querías en esas personas y con esas personas.

Empiezas a realizar un listado de los logros que alcanzaste. Llegan a tus oídos las acoladas de gente que te admiraba y respetaba. Entras a tu propio salón de los trofeos y describes uno a uno cómo los obtuviste y quién te los dio.

No fue una vida egoísta la que viviste. Al contrario, te diste a las personas. Te diste a sus problemas. Te diste al negocio. Te diste a la Iglesia. Te diste a todos. A todos. ¡A todos!

Te diste a todos… menos a los que hoy, el día de tu funeral, te están llorando.

***

Ya de regreso al mundo de los vivos, los papás debemos de pensar quiénes nos van a llorar el día de nuestra muerte. Una vez que los tengamos visualizados, debemos hacernos la pregunta: ¿Por qué le estoy dando mi tiempo a personas y circunstancias que no me van a llorar el día de mi funeral?

Pensar en nuestra muerte no nos hace papás perfectos, pero sí nos convierte en papás menos imperfectos.

Es triste comprobar que muchos papás dedicamos más tiempo a nuestras empresas y trabajos que a nuestros hijos e hijas. Tenemos más tiempo para nuestras iglesias y dioses que para nuestros hijos e hijas. Contamos con más tiempo para nuestros amigos y pasatiempos que para nuestros hijos e hijas.

Debemos de pasar el mayor tiempo posible con nuestros hijos e hijas. Ni ellos, ni ellas, ni nosotros, nos estamos volviendo más jóvenes.

El mundo puede subir y bajar, pero nuestros hijos sólo pasan por nuestras vidas una vez. Una iglesia puede estar creciendo pero los hijos del pastor, sólo serán pequeños una vez. El negocio puede ser muy importante, pero para nuestros hijos e hijas nosotros somos más importantes.

Tenemos toda una vida para trabajar, para predicar, para ir a misa y para ver fútbol; pero nuestros hijos, serán chicos sólo una vez. Para cuando acabes de trabajar, para cuando concluyas de predicar, para cuando finalices de ir a misa, para cuando termine el partido, tus hijos ya serán grandes.

A veces, los papás pecamos por ignorantes, o sea, no sabemos o no tenemos ni la menor idea de qué hacer. Está bien; lo que no está bien es usar la ignorancia como excusa.

Tal vez sabes que debes pasar tiempo con tus hijos e hijas, pero no sabes cómo. Eso me ha pasado a mí, hay veces en que yo sencillamente no sé cómo ser lo que se espera que yo sea.

En ocasiones, los niños me dan miedo. Se me quedan viendo como esperando que yo les diga algo, no tengo nada que decirles, no sé qué decirles. Pero me miran y me miran con esos ojos. Me miran y no me quitan la vista. Todos los presentes me dicen: «Dile algo. Quiere que le hables». ¿Cómo saben eso? ¿Se los dijo la criatura? Sólo me ven, ¡no dicen nada! Por eso me gustaría jugar al escondite con ellos, pero que no me encuentren.

Aunque no sepas qué hacer con tus hijos o hijas, es importante que pases el tiempo con ellos, con ellas.

Hay cosas que desconocía cómo hacer. Hay cosas muy específicas de papá que yo no tenía ni la menor idea de cómo hacerlas. Por ejemplo, no sé cargar a un bebé. Lo sé botar, pero ¿cargar?, me parece una actividad demasiado delicada para mis toscos y torpes brazos. Sin embargo, cargué a mis hijas. Logré coordinar mis movimientos, hice uso de todas mis habilidades sicomotoras para forzarme a no botar a mis pobres criaturas.

Tuve que aprender a pasar tiempo con mis hijas sin ponerlas en peligro. Tuve que aprender a apreciar sus actividades. Todavía me sonrojo cuando recuerdo las veces en que me sentaba a jugar con ellas y sus *barbies*. Yo, ni con Kent quería jugar. Pensaba: «Éste es un juego donde tengo todas las de perder y nada qué ganar». Y mientras me pasaban la ropa y los zapatos de las muñecas, yo miraba la puerta de la casa rogándole a Dios que no fuera a entrar ninguno de mis amigos.

Es de no ganar. Si entraban y me encuentraban vistiendo a Barbie, me iba mal. Si entraban y me encuentraban desvistiendo a Kent, me iba peor.

Pero tuve que jugar, tuve que tomar ese tiempo que para ellas era importante y para mí, vergonzoso.

Una ventaja de haber jugado con mis hijas es que mi esposa me tuvo un poco más de confianza con ellas. De vez en cuando, muy de vez en cuando, me dejaba a solas con las pequeñas; como la vez que me dejó solo con una y una taza de café.

A mi esposa le gusta el café. Tiene un paladar de esposa de millonario porque en mi casa, el café que se bebe, no sólo es el mejor del mundo, el de Guatemala, sino que casi siempre es el mejor de Guatemala. Menos que eso, no se admite en la puerta. Mi esposa vive bajo el lema: «No hay vida antes de una taza de café».

Una mañana, ella cometió el error de darle a probar café a nuestra hija menor. Desde entonces a la pequeña le fascina el café. Claro está, por su salud, mi esposa no le permite beberlo como mi hija quisiera. Pero a mí, de vez en cuando, se me ocurre comprarle un buen *capucino*. Mi hija me adora por eso, mi esposa, me odia porque después de tomarlo, mi hija no cesa de rebotar.

Lo chistoso es que mi esposa cree que esto fue culpa de ella. Piensa que fue la primera en darle a probar café a nuestra hija.

Ella no sabe un secreto oscuro y sucio que tengo: una de las únicas veces en que me dejó solo con esta hija, yo estaba sentado en paz y sin malicia en la mente, tomando café -por supuesto, el mejor del mundo, el de Guatemala, ya lo dije- y mi hija, que apenas había empezado a caminar llegó hasta mí y se subió a mis piernas. Como vio que estaba tomando café, pues ella también quiso. Al ser yo un progenitor bueno que había tomado la responsabilidad de darle lo mejor a sus hijas, le di a probar café. Pensé que no le iba a gustar, ¡cuál fue mi sorpresa cuando se acabó la taza entera!

Lo bueno de todo esto, es que guardo en mi corazón la esperanza que si mi hija llega a ser la mejor *barista* del mundo, cuando la entreviste el *New York Times*, ella dirá que su primer café, lo tomó sentada en las piernas de su papá. Si no llega a ser barista y mi esposa se entera de esto, ¡los premios de este libro serán dados *post-mortum*!

Sí, aunque sea una tontería como sentarme a darles café, es importante que pase tiempo con mis hijas. No quiero que las únicas personas que lloren en mi funeral sean ésas a las que les dediqué menos tiempo en la vida.

A mí me funciona empezar por el final -mi esposa y mis hijas siempre me dicen que todo lo hago al revés-. Tener el final en mente me ayuda a no cometer tantos errores porque sé a dónde voy.

Por eso, trato a mis hijas como las mujeres de éxito que serán; hoy, las trato como serán mañana. Les hablo acerca de su futuro y cómo creo que realmente van a vivirlo. Esto no es ninguna mística rara ni polvito mágico de Campanita, estas charlas las condiciona e invita a pensar en ese futuro. Viven a la expectativa de llegar a alcanzar los logros con que ellas sueñan.

Piensa, nuestros hijos saben muy bien cuáles son nuestras expectativas acerca de ellos y ellas. Conocen muy bien nuestra opinión sobre ellos y ellas. Ojalá que nuestras expectativas entonces sean de bien y grandeza para su futuro, no para que nosotros presumamos de ellos -aunque igual lo vamos a hacer- sino para que realmente alcancen sus sueños.

Por otro lado, si constantemente tenemos que insistir en que nuestros hijos vivan a la altura de nuestras expectativas, probablemente ellos perciban que ni siquiera nosotros estamos viviendo a la altura de esas expectativas. Aunque sean pequeños, saben perfectamente si vivimos de manera consecuente con lo que decimos que creemos.

Tener altas expectativas de ellos, los ayuda a tomar responsabilidad personal de sus decisiones y acciones. Los ayuda a vivir por arriba del nivel de mediocridad y conformismo –si ése es el umbral que hemos puesto en nuestra casa–.

También, debemos de cuidar de no matarles su sueño con comentarios de fracaso y derrota cuando no vivan según el nivel que 'nosotros' queremos.

A mis hijas, constantemente les digo: «Dios no te da un sueño sin darte el poder de hacerlo realidad». Y les recuerdo que depende de ellas; que ellas ya tienen todo lo que necesitan para lograr lo que se les dé la gana.

G.K. Chesterton escribió que los cuentos de hadas no les dicen a los niños que los dragones existen; los niños ya saben eso. Los cuentos de hadas les dicen a los niños que los dragones se pueden matar.

No tengo que entrar en toda una explicación existencial y hablar de la trascendencia de la vida. Todo lo que tengo que recordarles a mis hijas es que a los dragones se los puede matar y que creo plenamente que ellas pueden acabar con los dragones que se opongan a sus sueños.

Es complicado a veces porque, por naturaleza, uno hace planes para sus hijos e hijas. En nuestra mente y corazón tenemos lo que 'quisiéramos' que estudien, con quién 'quisiéramos' que se casen, etc. Luego, con tono de papás abnegados y sacrificados siempre decimos: «Todo lo que quiero, es que sean felices».

Claro que queremos que sean felices, pero también queremos que hagan lo que soñamos para ellos. Por lo menos, algunos de nosotros, somos lo suficiente inteligentes como para no decirlo directamente sino que lo enmascaramos en otras frases.

En el Libro de Proverbios se puede leer: «Instruye al niño en su camino para que cuando sea grande no se aparte de él». Es bueno este consejo. Primero, habla del camino del niño, no del nuestro. Es difícil aceptar que nuestros hijos tienen SUS propios caminos y que hay más honra en haberles enseñado desde pequeños a encontrarlo y seguir su propio sendero que en haberlos manipulado para que siguieran el nuestro.

Créeme, es aún más difícil quitarnos de en medio una vez que los hallamos instruido en su camino. Es más fácil quedarnos como directores técnicos y decirles qué hacer. Que ellos y ellas estén en 'su camino', es un testamento a nuestra paternidad y es el sendero a su independencia. Tener la libertad de preguntarles a los papás su opinión, es una de las mejores definiciones de independencia que he escuchado.

Llegará el día en que ellos o ellas sólo pedirán nuestra opinión, y si hemos hecho bien nuestro trabajo, nuestra voz y nuestros valores estarán con nuestros hijos y con nuestras hijas el resto de sus vidas.

Es difícil resistir la tentación de no forzarlos a vivir nuestra vida. A veces, caemos en ser publicistas y promocionar a nuestros hijos por lo que a nosotros nos trae orgullo.

Siempre me divierto con los papás que en las reuniones donde llevan a sus pequeños hacen un teatro escondido para que sus críos se roben el *show*. No es malo que presumamos con nuestros hijos, estamos orgullosos de ellos, el problema surge cuando empezamos a vivir nuestra vida a través de ellos. El *show,* entonces, se vuelve el nuestro y no el de nuestros hijos.

Lo más divertido es que creemos que nadie se da cuenta de que estamos presumiendo. Asumimos que tenemos a todos engañados de que es por talento innato y por iniciativa personal de nuestros nenes que ellos están dando el *show*. En mi caso, trato de hacer el *show* yo mismo y robarme la atención de todos. Sin embargo, mis hijas ya me hicieron saber que les da vergüenza y mi esposa ya me advirtió que si sigo actuando de esta manera, no me llevará a otra fiesta.

Entendamos una cosa, nuestros hijos son genios y son más talentosos que los demás niños y niñas. Al menos, eso es lo que todos pensamos.

Nuestros hijos y nuestras hijas brillarán de acuerdo al nivel de opinión que nosotros tengamos de ellos y de ellas.

Ahora que escribo esto, me acuerdo de mi mamá; yo tendría que haber estado en mis años de preadolescencia cuando una noche le entregué una hoja de papel y le dije que había escrito un cuento. Deben de haber sido un montón de garabatos con frases tomadas de mi memoria mezcladas con mi imaginación de niño mentiroso.

Como toda buena madre, hizo la pantomima que lo leyó y me dijo: «Qué lindo» -ahora que lo pienso, ya con la madurez que tengo, su expresión fue de 'qué fatal'-, dobló el papel y siguió: «… algún día, serás un gran escritor».

Inconcebible, ¡me lo creí!

CAPÍTULO 2
HOGAR

LO PEOR QUE LE PUEDE OCURRIR A ALGUIEN, ES NO TENER UN HOGAR.

Una de las necesidades más antiguas de la humanidad es la de contar con alguien que se esté preguntando dónde estás. En el jardín del Edén, el hombre y la mujer supieron esto, y está escrito para la historia de la humanidad que Alguien preguntaba por ellos aun cuando desobedecieron.

Nuestros hijos deben saber que hay alguien que se preocupa por ellos y ellas. Deben sentir en su corazón que alguien (nosotros) se está preguntando dónde están y qué están haciendo, no para saber si están haciendo algo 'bueno' o 'malo', sino porque los amamos y queremos cerciorarnos que están bien. Deben de saber que nos preocupamos por ellos, que aunque hayan desobedecido, les hacemos hogar.

Un hombre puede viajar por todo el mundo en búsqueda de lo que necesita, al regresar, lo encuentra en el hogar, porque en lo profundo, sabe que su hogar fue lo que le dio raíces. Algo en su hogar, lo llamó.

Por eso, es tan importante que los papás hagamos hogar. Que el lugar donde vivimos, ya sea grande y elegante o pequeño y sencillo, sea el lugar donde nuestros hijos encuentren la seguridad, encuentren la felicidad. Hacer hogar, es tal vez la tarea más importante para un papá.

La primera escuela es el hogar. Nuestros hijos aprenden cómo hacer amigos, en el hogar. Aprenden a cómo tratar a las personas, en el hogar. En sus primeros cinco años, nuestros hijos aprenden el 80% de lo que necesitarán en el resto de sus vidas y ese aprendizaje se produce en el hogar; desde el idioma hasta las creencias espirituales y los hábitos de vida.

Un jesuita dijo: «Denme a un niño por sus primeros siete años, y luego, hagan lo que quieran con él». El padre de familia es el maestro más importante en esta primera escuela, vale la pena preguntarnos ¿qué les estamos enseñando?

Las revistas de bienes raíces ofrecen casas, no hogares. Una casa es sólo un traje que alguien se pone y se quita. Se puede vender y comprar. En cambio, un hogar es piel, es parte tuya. Cambia de casa y te vas a sentir desorientado por unas semanas; cambia de hogar y llorarás amargamente.

Mis hijas son como flores y rosas, han llenado la casa de cosas lindas, pero a veces la han llenado de mascotas. En mi casa siempre hay mascotas, ¡incluyéndome a mí! Ellas han crecido con animales y son muy cariñosas con las criaturas. Sin embargo, en casa siempre hay grandes y álgidas discusiones porque por alguna razón, no quieren entender que la casa no es un zoológico. El hogar es un lugar bello para tener mascotas, pero no es una reserva natural.

Mis hijas sienten que la casa es de ellas; les repito que la casa está a mi nombre, pero no me creen.

¡Qué maravilloso es que mis hijas tengan propiedad emocional de su terruño!, eso hace al edificio pasar de 'casa' a 'hogar'.

Un viejo proverbio dice: «Dios no podía estar en todos lados, entonces creó a las mamás». ¡Y es tan cierto! Mi esposa está en todos lados, no puedo hacer nada en la casa sin que ella no se dé cuenta. Estoy convencido de que esto se debe a un octavo o noveno sentido que tienen las mamás porque cuando era chico, la mía siempre sabía lo que hacía o lo que había hecho. ¡No es justo! Yo nunca sé lo que pasa en mi casa. Sí, tal vez no tendré ese radar extraño que mi esposa posee para saber lo que sucede bajo nuestro techo, pero sí sé lo que ocurre en mi hogar porque lo construyo yo.

Cada día, con cada abrazo; a cada momento, con cada beso yo les edifico a mis hijas un hogar. Cada vez que salen para ir al colegio, saben que al regresar no sólo va a estar la casa, sino va a estar también el hogar.

Los antiguos, cuando navegaba los desiertos inhóspitos, decían que el hogar era lo que sucedía adentro y alrededor de la tienda de campaña. No importa dónde pongas tu tienda de campaña, decían, te toca hacer de ese lugar un hogar.

Nuestros hijos e hijas no sólo necesitan que les demos una casa donde crecer, necesitan que les construyamos un hogar alrededor del cual podamos formarlos para la vida. No hay desierto más salvaje e inhóspito que el mundo donde ellos están creciendo. Ahí, en medio de ese desierto debemos extender nuestras tiendas de campaña y hacerles un hogar.

Ellos sabrán que les dimos techo, cama y comida, pero agradecerán toda la vida lo que les dimos en la hoguera del hogar. Incluso, el significado de 'hoguera' es ése: un fuego que arde en un hogar. Lleva luz y calor en medio de una sociedad oscura y fría a la que no le importa la vida de nuestros hijos. Por eso, cuando alguien deja el hogar para formar otro, siempre se le desgarra un pedacito de su corazón y lo deja en casa, porque su corazón está allí.

Sé que vemos a nuestros hijos e hijas adolescentes y pensamos: «¿Nunca se van a ir?». Yo, por ejemplo, quiero casar rápido a mis hijas para vengarme de mis yernos. (¡Espero que ni mi esposa, ni mis futuros yernos estén leyendo esto!). Aunque no sé si ésta es una idea muy buena, porque el problema es que después de casados, ya no sólo mis hijas regresarán a casa, sino que traerán con ellas a sus esposos también.

El comediante Bill Cosby dijo que los humanos somos las únicas criaturas en la naturaleza que permiten que sus hijos regresen a casa. Y es cierto, se lo permitimos, y sé que, de una manera misteriosa, anhelamos que siempre puedan regresar, sin importar cuál fue la razón de su partida.

Si tenemos hijos adolescentes, debemos de guardar la esperanza que, aunque durante estos años tendrán momentos de arrebato en los que expresen su deseo de irse de casa, cuando sean grandes van a anhelar cada día regresar a esa etapa de sus vidas.

El ambiente cotidiano que logramos debe ser algo que nuestros hijos anhelen el resto de sus vidas. El hogar no sólo es el lugar físico. El hogar es el ambiente que creamos para que nuestros hijos se desarrollen. Y no es sólo lo que ocurre dentro de las cuatro paredes de la casa, sino también es lo que compartimos cuando vamos en el auto, cuando estamos de vacaciones en la playa, cuando vamos de compras.

Cuenta *La Biblia* que un día Jesús, reunido con sus amigos y un grupo de mirones, narró una historia sobre un chico que le pide a su padre la herencia para irse de la casa y poder viajar. Éste, no muy contento, decide darle la parte de la herencia que le correspondía. El muchacho parte y sin pensarlo, toma el camino del Este sin saber a qué pueblos y ciudades lo conduciría. Deja su hogar -aunque su hogar nunca lo deja a él- y con la arrogancia de un joven ignorante, le hace frente a un mundo que se lo comerá y lo escupirá como bocadillo de desperdicio.

Al cabo de un tiempo, empieza a perder toda la herencia. Malgasta su dinero y comienza a destruir su vida.

Una noche, ya sin un sólo centavo, sin amigos, sin trabajo y sin qué comer, encuentra un lugar donde crían cerdos. El hambre lo tortura y lo dobla forzándolo a meterse entre los cerdos para alimentarse con algunos de los desperdicios que los animales comían.

Al estar ahí, entre el lodo y la pestilencia del corral, el joven recuerda su casa paterna, su hogar. Empieza a pensar que allí había comida, había agua para bañarse. Sabe que en ella hay un viejo preguntándose por él todos los días.

El recuerdo de su su casa, donde estaba su familia, su papá, es como un hueco abierto en su corazón. Nada lo llenaría, sólo regresar.

Llorando, recapacita y tiene la certidumbre que ahí lo recibirán porque ahí lo aman; es su casa, su hogar.

El orgullo que lo amarra como cepo de esclavo, se vuelve de papel al pensar que tiene un lugar a dónde regresar. Habiendo casi acabado con su vida, se recoge como trapo viejo y se enfila por la ruta del Oeste sabiendo que lo conducirá a la casa de su padre.

En el camino, arrastrando los pies, mirando hacia el suelo, resuelve pedirle perdón a su padre y rogarle que lo reciba aunque sea como un trabajador más de la finca.

En la casa, el papá había sufrido mucho desde el día de la partida del joven. Todas sus tardes estaban llenas de tristeza pensando ¿dónde estaba su hijo?, ¿qué sería de él?

Tarde tras tarde salía y cabizbajo, iba y venía a lo ancho del camino pateando piedrecitas. Como felino triste en jaula empolvada, el viejo se paseaba lentamente de un lado a otro. Se detenía sólo para observar allá, a lo lejos, el horizonte final del camino por donde su querido hijo se había ido. Buscaba en la lejanía alguna figura dibujada por el sol anaranjado de la tarde que tal vez, sólo tal vez, fuera su hijo regresando a casa. La esperanza de volver a verlo lo llevaba a salir y a esperar.

Una de estas tardes, el padre salió al camino y vio a lo lejos que alguien muy parecido a su hijo se acercaba.

«¿Podría ser él?», se preguntó. «¿Acaso es posible que mi hijo regrese?».

Conforme se acercaba el caminante, el padre se da cuenta de que sí, que era su hijo.

Como niño emocionado, el viejo corrió hasta quedarse sin aliento. Se tomó unos segundos descansando sus manos sobre sus rodillas y al levantar la vista volvió a cobrar ánimo. Movió sus piernas de viejo agricultor y siguió corriendo hasta llegar a abrazar al muchacho. No se percató de la suciedad, no percibió el mal olor. La pestilencia a cerdos se desvanecía ante la alegría de ver a su hijo. La felicidad invadía todos sus sentidos y su amor cubria toda suciedad y mal olor.

Los dos, encadenados en la nuca, lloraron juntos por largo rato. Uno pedía perdón, el otro daba gracias a Dios por el regreso de su hijo.

Como dos amigos borrachos, entraron abrazados a la casa. El padre ordenó que mataran al mejor toro, que le trajeran ropa nueva a su hijo y que le pusieran el anillo de la familia. «¡Mi hijo que se había ido, ha regresado!», gritaba el padre por toda la casa.

En la familia, había otro hijo. Un joven obediente y colaborador. Él oyó todo el barullo y preguntó qué era lo que estaba sucediendo. Los sirvientes le contaron que su hermano había regresado y que se estaba preparando una fiesta.

Enfadado por la aparente injusticia, fue a hablar con su padre y le dijo: «Yo me quedé en casa. No te pedí la herencia para malgastarla. No me fui a tirar el dinero con mujeres y a emborracharme. Me quedé para trabajar en el negocio de la familia ¡Y nunca me has dado nada. Pero a éste, que se llevó la herencia y la desperdició, ¿le haces fiesta?!».

No entendiendo la reacción de su hijo, el papá le dijo: «Es tu hermano, m'ijo, entiende que ha regresado a casa. Éste es su hogar».

Con esta historia, que se llama 'El hijo pródigo', Jesús enseñaba que, en algún momento, todos somos como el muchacho que se lleva la herencia y la malgasta. Nos muestra que somos como él. Nos dice que cuando nos veamos en la peor de las circunstancias, recordemos que hay un Padre que nos espera y que nos recibirá con alegría. Nos enseña que no importa si llegamos sucios y oliendo a cerdos, Dios nos ama y nos recibe en su casa para ayudarnos a empezar de nuevo.

Como esposo y papá imperfecto, a veces he estado en situaciones semejantes a las de ese joven. Y estoy agradecido porque puedo 'regresar' y porque Dios me ayuda a comenzar de nuevo.

Tal vez te has equivocado de tal manera que piensas que ya no hay retorno. Sientes que lo perdiste todo y te ves entre los cerdos. Crees que por decisiones que has tomado has perdido cosas que no puedes reemplazar. Levántate, busca a Dios que te espera en el mismo camino por donde te fuiste, correrá a tu encuentro, te abrazará y juntos llorarán de alegría; luego, te dará un nuevo comienzo.

Pero eso no es todo lo que Jesús estaba enseñando.

Me puedo imaginar a los amigos discípulos de Jesús y a todos los mirones cuando oyeron esta historia. El hecho que el papá haya aceptado de regreso a este joven irresponsable, vividor y mal agradecido era algo que nunca se había oído.

Sin embargo, el hijo siempre supo que tenía un hogar; tenía la certeza que se había ido de un lugar al cual podía volver. Sí, había cometido una estupidez, pero sabía que su papá lo amaba y lo recibiría si regresaba.

Éste es el hogar que tenemos que construirle a nuestros hijos. Ellos y ellas deben saber que hay un lugar a donde siempre, siempre pueden regresar. Aunque huelan a cerdos los vamos a abrazar y los vamos a ayudar a tener un nuevo comienzo.

Nos tenemos que preguntar si nuestros hijos saben que siempre los estaremos esperando sin importar las circunstancias que estén viviendo. Debemos preguntarnos si nuestros hijos saben que la casa, el hogar, siempre estará para ellos.

La luz de nuestro hogar debe permanecer siempre encendida para que nuestros hijos y nuestras hijas encuentren la casa en la más oscuras de sus noches. El calor de la hoguera, el fuego que arde en medio de nuestra casa, los debe llamar y los debe recibir.

Y sí, soy conciente de que a veces puede ser que nuestros hijos hagan algo tan grave que nos hiera severamente. Aún así, deben saber que no pueden hacer nada que arranque de nuestro corazón el amor por ellos y ellas. Que, a pesar de que nos hayan herido, no dejan de ser nuestros hijos, nuestras hijas y que cada noche, encenderemos una vela y la pondremos en la ventana porque tenemos la esperanza que nuestra luz los guiará de regreso a casa.

Uno de mis poetas favoritos, Robert Frost, escribió: «El hogar es el lugar donde cuando tienes que ir ahí, te tienen que recibir».

La historia del Hijo Pródigo también me hace ver otro aspecto del hogar: el perdón.

El hijo, este insolente irresponsable, decidió cuando estaba comiendo con los cerdos ir a la casa de su padre a pedir perdón. Él sabía que podía regresar y que su papá lo iba a recibir, pero también sabía que tenía que pedir perdón por tanta estupidez.

Al saber cómo le exigió la herencia al padre, cómo la malgastó, podríamos decir que 'merecía' comer la comida de cerdos y peor, debería haber comido caca. Sin embargo, el papá lo perdonó, lo perdonó porque sabía que no hay herida que sane sin el ungüento del perdón.

Pensamos que tal vez debemos ser como el papá en la historia y perdonar 'todas' las ofensas que nos hacen nuestros hijos e hijas. Pero hay algo más importante para aprender, y es el hecho que tal vez somos nosotros los que debemos ir a pedir perdón.

Probablemente hay algún asunto no resuelto entre tu papá y tú. Aunque ya seas grande y tu papá sea muy mayor, levántate, ve a la casa de tu padre y pídele perdón. Tal vez no tengas la dicha de que tu padre aún viva y, tal vez, no hayan estado en los mejores términos cuando terminó su paso por esta vida. Entonces, ve a la tumba de él y, como un acto de humildad, pídele perdón. Claro, no le estás hablando a los muertos, estás haciendo un ejercicio emocional de mucho significado para ti. A veces, tu orgullo necesita ser puesto en su lugar, y pedir perdón es algo maravilloso que puedes hacer.

Luego también está el pedirle perdón a nuestros hijos. Yo me pregunto, ¿dónde aprendió el joven de la historia a pedir perdón? ¡Aprendió en su casa! Muchas veces queremos que nuestros hijos tengan actitudes que nosotros no tenemos. Esperamos que demuestren virtudes que nosotros no hemos desarrollado en ellos. En mi caso, he encontrado que la forma más fácil de modificar algo en mis hijas es cambiarlo primero en mi vida.

Si nunca has sido odiado por tus hijos, no has sido papá. Pero si nunca has pedido perdón, mereces que te odien el resto de la vida. Es fácil llegar a ser odiado por nuestros hijos e hijas -la clase de 'odio' natural que estos, en un momento de arrebato, sienten por sus padres-, aún así, deben saber que como papás los amaremos mucho más de lo que ellos o ellas nos podrían odiar.

El hogar no es sólo el sitio donde viven nuestros hijos, eso es una casa, el hogar es donde se los ama, se los entiende. El hogar es donde se los perdona y donde se les pide perdón.

CAPÍTULO 3

VOZ. RISA. ABRAZOS

EL PAPÁ IMPERFECTO
TAL VEZ NO LLEVE LA BILLETERA
LLENA DE BILLETES,
PERO LA LLEVA LLENA DE ORGULLO
CON LAS FOTOS DE SUS HIJOS.

VOZ

¿Cuáles son las últimas palabras que nuestros hijos escuchan en la noche?

Durante todo el día nuestros hijos están expuestos a distintas voces e infinidad de palabras. Desde que se despiertan: «¡Levantáte!», empezamos a decir, hasta que después de diez veces de repetirlo ya lo decimos tan fuerte que los vecinos son los que se levantan.

«¡Bañáte!», sale la orden veinte veces.

«Desayuná. Desayuná. ¡Vení a desayunar o te cae!», y los sentamos a comer.

Luego, los sacamos corriendo para ir a la escuela; «Apúrense que ya van tarde», les decimos en voz fuerte, mientras los empujamos como echándolos de la casa.

Llegan al colegio -los acabamos de sacar de la casa- y lo primero que les dicen es: «¡Entren y hagan silencio!», seguido por la orden totalitarista de: «¡Siéntense!». Por esto, en mis conferencias de educación, digo que los padres pasan los primeros cinco años de la vida de sus hijos enseñándoles a hablar y caminar… ¡y luego la escuela pasa los siguientes doce años enseñándoles a callarse y sentarse!

Pero, la tragedia auditiva para nuestros nenes y nenas continúa. Luego de unas horas, suena la campana y la maestra dice: «Salgan al recreo. Vamos, vamos salgan», y recurre al mismo gesto que nosotros usamos temprano, cuando los sacamos de casa.

Apenas empiezan el juego de pelota o la conversación con el chico que les gusta y... ¡suena otra vez la bendita campana! Aparece un señor, como sacado de una película alemana de los años sesenta, y empieza a ordenar: «Entren, vamos, vamos adentro. Apúrense, ¡todos adentro!». Y extiende los brazos como entre crucificado y arriando vacas.

Los pequeños entran sudados por el juego o emocionadas por la conversación y lo primero con lo que los reciben en el salón de clase es: «Silencio. Quietos. Ya, ya...». Y luego se escucha más fuerte: «¡YA!». Al final, la gobernante de clase logra la atención de sus pupilos. Sin embargo, la tienen engañada; piensa que consiguió la atención de ellos sólo porque la están mirando y se encuentran en silencio, pero no sabe, ni se imagina, dónde se hallan sus mentes; según ella, tienen interés en la materia.

Transcurren unas horas más en las que escuchan monólogos interminables de cosas que pueden encontrar explicadas con más emoción en *YouTube*, y finalmente la campana de Pavlov vuelve a sonar. Como perritos entrenados, todos salen apresurados con sus cosas para ir a sus casas, porque el señor de la película alemana de los años sesenta está ahora en la puerta con una sonrisa de cura al final de una misa calurosa en donde nadie entendió nada.

Por las calles que transitan están los cochinos proselitistas de la religión del consumismo. Estos, sin misericordia, agreden la mente y el corazón de nuestros hijos diciéndoles mentiras; les inyectan el suero aspiracional de tener una imagen que sólo existe gracias al *Photoshop*.

Llegan a la casa y lo primero que escuchan es: «¿Traés tareas?». ¡Por supuesto que sí! Como en la escuela no tuvieron tiempo de enseñarles lo que debían, la opción es mandarles obligaciones a los padres. Los niños continúan haciendo en casa, las cosas por las que se paga para que se realicen en el colegio.

Las voces y ordenes siguen: «Bueno, hacé tus tareas. Nada de jugar porque eso no es de humanos, mucho menos de niños». Terminan las tareas y sigue la tortura auditiva con un: «Ya es tarde, ¡hora de dormir!».

¡Aahhgrrr! Es increíble que no haya más suicidio infantil.

Durante todo el santo día nuestros hijos oyen distintas voces y reciben infinidad de órdenes. Mi voz, como papá, debe ser diferente a todas esas. Debe cortar entre todo el espagueti auditivo y ser un calmante del estrés sonoro. Mi voz debe llevar sosiego al corazón de mis hijas, y estimular su espíritu.

Me arrepiento tanto de que muchas veces mi voz ha sido parte del ruido estridente que ellas escuchan durante el día. He sido un ingenuo al permitir que el coro de voces violentas me incluya en su sinfonía estentórea.

Lo último que mis hijas deben de oír de mí en la noche antes de dormir, deben ser palabras que las afirmen y las lleven a los lugares más bellos de su imaginación. En mi caso personal, trato siempre de decirles lo mucho que las amo, lo maravillosas y espectaculares que son y cuánto sé que Dios las ama. Y si llego después de que se han dormido, mi esposa invariablemente me hace esa cara de «no vayas a despertarlas», pero aún así me acerco a sus camas, les digo cuánto las amo, cuánto las ama Dios y las beso. Si ya tienen babas en la mejilla, las beso en la frente; y si están sudadas, beso mi mano y se las pongo en los labios pero las beso, aunque estén dormidas, les doy un besito.

Billy Sunday, un predicador de antaño dijo: «Un beso alejará el miedo en la oscuridad y hará valientes a los pequeños. Les dará fuerza cuando haya debilidad.» Por eso, después de hablarles a mis hijas, les doy un beso.

Es complicada la noche, lo sé. Nuestras hijas quieren vivir, no quieren dormir; en la noche no quieren dormirse, y en la mañana no quieren despertarse. A veces, les digo que creo que son hijas de Batman y en otra vida tal vez fueron murciélagos porque quieren molestar de noche y dormir de día. Un *tweet* de mi hija Lael describe a perfección su sentimiento acerca de dormir: «Creo que mi sueño me odia en la noche y me ama cuando estoy en el colegio. ¡Es un amor bipolar!»

Igual, con cariño y amor, trato de mandarlas a acostar a una hora decente, y sé que van a dar mil vueltas y se inventarán mil cosas más para hacer antes de meterse en la cama.

No es fácil, el idiota en mí siempre se deja controlar por sus enojos porque a mis hijas NO LES GUSTA IRSE A ACOSTAR CUANDO YO DIGO. Sin embargo, es más importante que oigan cuánto las amo que el que se tarden unos minutos más en irse a la cama desde el momento en que les digo que es hora de dormir.

Si se acuestan ahora mismo o dentro de diez minutos no tendrá tanto impacto a lo largo de sus vidas como el que sepan sin lugar a duda, que al final del día, después de escuchar mil voces, la voz de su padre siempre les aseguró cuánto las amaba y cuánto las amaba Dios.

He aprendido a no preocuparme si mis hijas me están poniendo atención o no. Mi voz, les habla a su espíritu. La voz de un padre siempre entra en los oídos más cerrados y llega hasta el corazón más escondido. Por eso, debemos de tener mucho cuidado con lo que les decimos a nuestros hijos. Nuestra voz puede sanar o puede herir, puede edificar o puede destruir, pero siempre va a tener una consecuencia.

Mi voz, no está sola. Va acompañada de mi vida, de mi diario vivir. Lo que le da fuerza a mi voz como papá no es lo recio que hablo, la verdad, mis hijas pueden gritar más fuerte que yo. Ya lo comprobamos una vez; un día concursamos para ver quién gritaba mas fuerte hasta que mi esposa salió a tirarnos un zapato porque estaba dormida a causa de una migraña que tenía -¡gracias a Dios el zapato le cayó a mi hija que estaba gritando y no a mí!-.

Mi voz puede ser suave pero lo que le da fuerza es el respaldo de mi vida. Nuestros hijos no sólo oyen, más que oír, nuestros hijos ven. Aunque a veces parece que no saben qué está pasando a su alrededor, tienen la percepción muy aguda y saben si nuestra voz es coherente con nuestra vida o no. Si no lo es, nos van a engañar e intentarán hacernos creer que nos «hicieron caso». Si es coherente, igual, van a ser lo que ellos quieren pero nuestra voz queda en su corazón y su mente y les servirá como brújula, como referente.

Nuestra voz acompañará a nuestros hijos e hijas a lo largo de sus vidas.

RISA

Como papá, sólo puedes ser tan feliz como tu hijo más triste. Por eso, hay que reír mucho. Hay que reír porque cuando vienen días tristes parecen que son eternos.

Nuestros hijos deben aprender a reírse de ellos mismos; también, deben aprender a reírse de nosotros. Se tienen que reír de la vida y de todo lo hermoso. Si en tu casa no hay risa, perdona, pero probablemente tus hijos viven en una casa de espantos.

La risa crea las mejores memorias. Las memorias más antiguas que guarda mi corazón son las risas que mi papá me sacaba. Él llegaba de la oficina y lo único que se le ocurría hacer era molestarme y hacerme cosquillas.

La risa de mis hijas siempre ha alegrado mis días más grises. Sus historias y sueños me dan esperanza, y sus gritos me dan muchas migrañas. Si alguien en casa no ríe, la casa no está completamente feliz.

Si tus hijos no se ríen de ti, no estás permitiendo que te conozcan. Los papás somos seres extraños, si lo vez bien, nos parecemos más a criaturas de *La Guerra de la Galaxias*, que a progenitores.

No es muy difícil que nuestros hijos e hijas se rían de nosotros. Pensamos que esto es falta de respeto, no lo es. Los niños sólo se ríen de lo que les gusta, si tus hijos no se ríen de ti, ¿adivina qué?

Tu risa debe ser más poderosa que tu regaño. Tus hijos, tus hijas deben sentir que toda la casa se estremece cuando te ríes. Tu risa debe preceder tu llegada para que ellos siempre te esperen con ansias.

Cuando en una casa no hay risa, es porque el papá no sabe cómo reírse y por lo tanto, no quiere que nadie se ría. Cuando el papá ríe, todos en la casa ríen. Si no sabes cómo reír diles a tus hijos o a tus hijas que te enseñen. Déjalos que se suban a tu panza y te hagan cosquillas. No pienses que estás haciendo el ridículo, igual, tus hijos y tus hijas ya piensan que eres ridículo porque no te ríes.

El hecho que nuestros hijos estén creciendo en la era digital no quiere decir que les debemos permitir que pasen tiempo desmedido frente a una pantalla. Sea ésta la de una TV, un juego de video, una computadora, el celular o una tableta. Si nuestros hijos se aburren en la casa es porque los papás hemos hecho de ella un lugar aburrido. Si se aburren en el auto, la solución no es comprar un DVD o un juego de video portátil. La solución es ¡no ser un papá aburrido!

Cuando vamos en el auto y mis hijas están actuando como pericas parlanchinas, me gusta castigarlas con lo peor que se les puede hacer: me fascina ponerles mi música a todo volumen, especialmente la que no les gusta y les da vergüenza.

Y sí, soy un papá bastante aburrido. ¡Pobres mis hijas! Pero aunque yo sea aburrido, no puedo dejar que una pantalla tome mi lugar. Una pantalla nunca puede lograr en el corazón de ellas lo que mi risa puede conseguir.

¡Debo sacar fuerzas que no tengo, creatividad que no poseo, ideas de las que carezco! Es difícil competir contra el DVD, contra el video juego, contra el celular, pero debo hacerlo. Yo cuento con algo que el DVD no tiene, tengo corazón y risa propia. Soy padre de carne y hueso, no soy un inerte renderizado digitalmente. Le tengo que ganar a cualquier personaje digital.

ABRAZO

Sólo un papá puede abrazar como un papá. Sólo un papá puede herir como un papá. Los abrazos que un padre da, duran toda la vida, se recuerdan, se atesoran. Las heridas que un padre causa, duran toda la vida, se recuerdan, se odian.

Abrazar es una de las muchas formas en que decimos: «Te amo». Cada vez que me toca regañar a una de mis hijas, hago lo posible para, al final, abrazarla. No siempre quieren y muchas veces se aseguran de que, cuando las abrazo, me dé cuenta de que ellas no querían abrazarme, se ponen rígidas como costales. Pero está bien, les estoy dando un mensaje: «Aunque te regañé, te amo, por eso te abrazo. Aunque tú estás enojada, te amo, por eso te abrazo».

Me gusta, más que todo, abrazar a mis hijas delante de sus amigos porque les da vergüenza. ¡Ja!, es mi venganza. Las abrazo, les doy un beso, les sobo la cabeza, y las sigo abrazando hasta que están rojas porque sus amigos las están viendo.

Si tienes hijas, abrazarlas como padre, es un privilegio que sólo tú tienes en todo el mundo. Nadie, nunca, las puede abrazar como su padre. Por eso, abrázalas mucho. Si no abrazas a tus hijas, no te quejes de que salgan a la calle a buscar a alguien que las quiera abrazar.

Yo abrazo a mis hijas. Las abrazo bien y fuerte. Las abrazo con amor, cariño y respeto. Las abrazo hasta que están moradas. Las abrazo porque quiero que sepan bien qué es un abrazo. Deseo que tengan un punto de referencia de cómo es un abrazo. Cuando alguien más las abrace, ellas sabrán si las están abrazando con respeto o con otra intención.

Si les decimos a nuestros hijos y a nuestras hijas que los amamos, se lo debemos demostrar. Una manera de manifestarles nuestro amor es abrazarlos. Sería muy triste que llegáramos a los últimos días de nuestras vidas y descubriéramos que sólo les hemos hablado a nuestros hijos y que nunca los hemos abrazado.

Un doctor muy exitoso, en el ocaso de su vida, dijo: «Qué tristeza, al final de todo, me doy cuenta de que las únicas veces que toqué a las personas fue cuando tenía guantes».

Es posible que al término de tus días, te sientas como este pobre doctor. Mejor deja por unos momentos este libro, ve, busca a tus hijos e hijas. Hazles cosquillas, moléstalos un tanto y abrázalos. Créeme, lo necesitan.

Abrazo. Abrazo. Abrazo.

CAPÍTULO 4

AMIGOS, NOVIOS Y OTROS MONSTRUOS

EL PAPÁ IMPERFECTO
TAL VEZ NO TE AGARRE
ANTES DE QUE CAIGAS...
PERO SI CAES,
SEGURO TE LEVANTARÁ
Y TE SANARÁ LAS HERIDAS.

Si a nuestros hijos los invitan mucho a jugar en otras casas, debemos estar felices. Si todos los amigos de nuestros hijos vienen a la nuestra debemos sentirnos en el cielo. La mejor forma de conocer a sus amistades, es verlos en nuestra casa.

Es un problema que los amigos de nuestros hijos visiten nuestra casa, ya lo sé: se comen todo, hablan de cosas que no entendemos, se ríen de nada, y nos saludan corteses pero hipócritamente. Sin embargo, es un método seguro para saber cómo son y que ellos sepan cómo somos nosotros.

Un amigo mío tiene unas hijas hermosas, podrían ser modelos. Por supuesto, conforme iban entrando a la adolescencia, se dio cuenta de que el número de sus amigos varones crecía. Decidió hacer una gran fiesta en su casa con música y comida; fórmula perfecta para tenderle una trampa a los dípteros perniciosos que volaban alrededor de sus nenas.

Como muchos de los «amiguitos» de sus hijas no lo conocían, la noche de la fiesta, decidió pararse en la puerta de su casa y actuar como si fuera el portero. A cada bicho que llegaba, él le hacía algunas preguntas y revisaba si llevaba alcohol o cigarrillos. Más de algún pasado de listo quiso ingresar sin haber sido invitado y además con contrabando -siempre hay idiotas-.

Inmensa fue la sorpresa de mi amigo al comprobar que muchos de los chicos pretendían sobornarlo y le ofrecían dinero para que los dejara entrar. Ahora, mi amigo sí los conocía y los quería matar.

No dejemos ir a nuestros hijos a la casa de amigos que nosotros no conocemos. Los amigos construirán o destruirán la vida de nuestros hijos.

Yo quiero que mis hijas tengan novio, a su debido tiempo -¡siempre les digo que cuando cumplan cuarenta ya tendrán edad de tener novio!-. Pero cuando tengan uno, quiero que lleven al susodicho a la casa para que lo pueda examinar, ¡y si es un examen forense mejor!

En casa es donde vamos a poder interactuar con los amigos, pretendientes, novias de nuestros hijos y novios de nuestras hijas. No podemos dejarlo en manos del destino y que los dioses «los junten». Nuestra casa debe de estar siempre abierta para los amigos y amigas de nuestros hijos. De esta manera, sabremos bien con quién realmente estarán saliendo cuando sean novios.

En mi caso, al ser papá de dos hijas, es más angustiosa la situación. Una vez un periodista dijo que el ver que alguien llega a casa por tu hija y se la lleva, se siente lo mismo que entregarle un violín Stradivarius de un millón de dólares a un gorila.

Gorilas siempre van a haber. Estos primates inferiores al ser humano que quieren llegar por mis hijas abundan, por eso necesitamos conocer bien a los gorilas antes de darles el violín.

Aunque me duela admitirlo, hay gorilas que son sofisticados y han sido educados en el trato que se le da a un Stradivarius. Esas manos ásperas y acalladas pueden ser delicadas. No lo parece, pero detrás de ese peludo pecho hay un buen corazón y en esos sonidos indescriptibles que produce su enorme boca, hay palabras de respeto. Claro, también hay gorilas a los que hay que perseguir en la jungla para matarlos y vender sus partes en el mercado negro.

Pero al gorila cuidadoso y bien entrenado, hay que dejarlo que salga con tu hija, sólo conócelo bien antes.

Si eres papá de varones, ten cuidado y analiza qué clase de gorilas estás criando, porque si no haces bien tu trabajo y me los encuentro en la selva… ¡al mercado negro!

Conozco personalmente el caso de un padre muy celoso que supo que su hija tenía un pretendiente. Se enfureció y le gritó a su hija: «Ya sabés que no quiero que tengás novio. Si vas a tener novio, ni te atrevás a traerlo a la casa. Lo que hagás lo hacés fuera de aquí».

Si una chica no puede vivir su vida sentimental en su propia casa, ¿dónde la va a vivir? Pues en el caso de esta adolescente, al no poder encontrarse con su novio en su casa y al escuchar los gritos estúpidos de su papá que le decía que lo que fuera a hacer lo hiciera afuera, ella creyó que en su casa no les importaba lo que ella sentía o lo que hacía, y quedó embarazada.

Responsabilizaría a la pareja por el embarazo, pero la culpa la tuvo ese señor que prefirió ver a su hija adolescente embarazada que bregar dentro de la casa con el tema del noviazgo, las relaciones, la amistad.

Cuando estaba en la secundaria, le tenía terror al papá de mi novia, creo que sospechaba cosas malas de mí (¡no sé por qué!).

Cuando llegaba a la casa de mi novia, él abría la puerta rápidamente y lanzaba una mirada de asesino al mismo tiempo que extendía su mano para saludarme. Con valentía fingida, yo también extendía mi mano sólo para sentir la fuerza bruta de un apretón que fácilmente podía convertir carbón en diamantes.

Ahora, años después, es mi turno de ser el papá.

Al recordar lo injusto que fui tratado, siendo yo una inocente paloma en los asuntos del noviazgo, haré lo posible para que los pretendientes de mis hijas se sientan… aun peor.

Mi teoría es: Asústalos en la entrada de la casa y permanecerán asustados el resto de la noche.

Cuando lleguen, los revisaré minuciosamente.

Si les encuentro un aro en la boca o un *piercing* en la nariz porque se creen chicos muy de onda, cordialmente les diré: «Veo que tenés un aro en el labio. Mi esposa ha sugerido que yo te lo ponga en los glúteos, para que cuando te sentés, te acordés con la hija de quién estás saliendo».

Luego, con tono de director de escuela militar le diré: «Como padre, tengo unas cuantas reglas básicas que he grabado en dos piedras que tengo aquí», y tomaré las dos piedras más grandes que mis brazos puedan levantar y las tronaré una con otra como si estuviera moliendo algo. Dejaré entonces a la vasta imaginación del chico, qué es lo que pretendo estar moliendo.

«**Regla Uno**: Si llegás a mi casa y sólo tocás la bocina del auto sin bajarte, ojalá que sea para dejarme un paquete, porque ciertamente no estarás recogiendo uno».

«**Regla Dos**: No tocás a mi hija enfrente de mí, mucho menos no enfrente de mí. Podés verla dulcemente, siempre y cuando no estés viendo nada que esté debajo del cuello. Si no podés quitarle los ojos y las manos de encima a mi hija, no te preocupés, te las quito yo».

«**Regla Tres**: Yo entiendo que es de moda para los hombres de tu edad usar pantalones y camisitas bien entalladitas y apretadas. Si te gusta lo apretadito, y te querés ver como salchicha, ése es tu problema. No le pidás a mi hija que se vista apretadito porque a ella le gusta usar la ropa que a mí me gusta: floja y de tal manera que ¡sólo se le note la cabeza! Si querés estudiar anatomía, te puedo ofrecer llevarte a ver cuerpos… a la morgue».

«**Regla Cuatro**: Sé que creés que usar gelatina en cantidades industriales es lo último de la moda. Realmente a mí no me importa si pensás que la gelatina te hace parecer más como un artista. A mí no me tenés que impresionar con lo del pelo. No importa qué clase de petróleo usás para componerte la melena de caballo que tenés. Lo que me importa es saber que no harás nada que estimule a que mi hija tenga que pasar sus lindos y suaves dedos entre tu tieso e indomable cabello».

«**Regla Cinco**: Se supone que para que vos y yo nos conozcamos más, debemos hablar sobre política, deportes y otras cosas. Por favor no hagás esto, ¡no te quiero conocer más! La única información que requiero de vos es 'a qué hora vas a regresar con mi hija', y la única palabra que necesito de vos acerca de este tema es: 'temprano'».

«**Regla Seis**: No tengo duda de que sos un tipo muy popular, con muchas oportunidades de conocer a otras chicas. Eso está bien, siempre y cuando esté bien con mi hija. De otra forma, no verás a nadie más mientras estés saliendo con mi nena. Si hacés llorar a mi pequeñita, yo te haré llorar a vos en gran manera».

«**Regla Siete**: Mientras estás parado en la puerta esperando a mi hija y ha pasado más de una hora, no hagas gestos de desesperación. Si querés llegar a tiempo al cine, no deberías salir con mi hija. Ella se está maquillando, un proceso que puede tomar más tiempo del que te podés imaginar. En lugar de simplemente estar parado allí, ¿porqué no hacés algo útil y trabajas en una buena obra… como lavar mi auto?».

«**Regla Ocho**: Los siguientes lugares no son apropiados para ir con mi hija: sitios donde hay camas, sofás, o cosas más suaves que un banco de madera con clavos por fuera. Lugares donde no hay papás, policías, o monjas con buenos ojos. Recintos donde hay oscuridad. Locales donde hay baile, donde la gente se toma de las manos. Sitios donde hay alegría. Lugares donde la temperatura es tan cálida que mi hija tendría que usar *shorts*, blusas pequeñas o cualquier cosa que no sea un overol, suéter o cuellos de tortuga. Debés de evitar películas con contenido romántico o sexual; películas de violencia están bien. Juegos de fútbol y peleas de box también. Podés llevarla a misas aburridas y conferencias de gereatría».

«**Regla Nueve**: No sé cuánto sabés de idioma castellano. Pero te quiero recordar que «No» significa eso: «No». Si no sos lo suficientemente inteligente para entender una palabra de dos letras cuando mi hija dice «No», ella no debería andar con vos».

«**Regla Diez**: Estoy seguro de que te han dicho que tener relaciones sexuales sin ninguna «protección» te puede matar. Dejáme elaborar un poco más sobre este maravilloso concepto: 'Si de sexo se trata, yo soy la protección y yo te mataré'».

«Ah, se me olvidaba, la verdad es que es muy fácil la cosa conmigo: yo quiero un chico que ame y respete a Dios para que ame y respete a mi hija. No lo tomés a mal, pero si vos no llenas esos requisitos y te acercás a mi hija, yo puedo arreglar que te acerqués a Dios... ¡en persona!».

Sé que mis hijas me dirán que les dará vergüenza entrar a la sala y encontrarme tratando de hacer que sus novios reciten de memoria estas simples diez reglas. Yo también estaría avergonzado -¡son sólo diez!-. Y nunca sugeriría tatuarle en el brazo a uno de estos susodichos estas diez reglas si acaso no las puede aprender de memoria; eso sería muy... muy caro. Sólo pensaba que escribirle las reglas con tinta normal no funcionaría porque fácilmente se le podían borrar. Tal vez la herramienta que usan para marcar ganado sería más adecuada.

Cuando le conté sobre esto a mi esposa, ella me preguntó por qué me quería portar así con los pobres 'amigos' de mis hijas.

-¿No te acuerdas de cuando tenías esa edad?, -me dijo cuestionando mis ideas-.

-Por supuesto que me acuerdo -le respondí-. ¿Cómo crees que se me ocurrieron estas diez reglas?

CAPÍTULO 5
LO MEJOR

ERES UN PADRE GENUINAMENTE RICO
SI TENIENDO LAS MANOS VACÍAS,
TUS HIJOS AÚN CORREN
A TUS BRAZOS.

A veces, creo que mis hijas son criminales, por lo menos delincuentes -pero no comunes; ¡son delincuentes especiales!-. Después de muchos años, he llegado a esta conclusión al ver que cuando quieren algo, ponen una carita que las hace parecer cachorritos tristes en tienda de mascotas.

Ahora que lo pienso, he caído sin falta en sus redes manipuladoras. Astutamente logran distraerme con esa mirada de pollito inocente mientras me piden que les compre algo.

Al final del día, me siento fracasado, culpable y con una profunda herida en la billetera.

Caigo en cama. Mi esposa, a mi lado, sólo puede escuchar que con tono de moribundo me repito: «Soy buen padre. Soy buen padre».

Ella sólo me mira, no dice nada pero sé lo que está pensando: «No, Junior. Una cosa es ser bueno y otra es ser tonto».

Muchas veces, como papás, se nos olvida que «No», también es una palabra de amor. «Sí» no siempre es una palabra positiva.

Es importante que sepamos decir «No». Es importante que nuestros hijos e hijas conozcan que no siempre todo lo que uno quiere es bueno para uno.

Como papás siempre decimos que les queremos «dar lo mejor» a nuestros hijos. Eso es maravilloso siempre y cuando tengamos en cuenta que la forma en que definimos 'mejor' hará toda la diferencia.

Generalmente, 'mejor', para nosotros -los papás-, tiene que ver con todo lo que no tuvimos y con lo que en lo profundo desearíamos tener. Muchas de estas cosas no son malas, pero creo que tampoco todas son apropiadas para nuestros hijos.

Los ahogamos en la tecnología que quisiéramos tener. Los bañamos con estímulos para que sean la clase de músicos que nosotros quisiéramos ser. Los empujamos a la práctica de un deporte, generalmente en el que nosotros fracasamos. Les compramos las marcas que a nosotros nos dan prestigio -la nena tiene seis años, ¿¡qué sabe ella si es Fitch o Ficha!?-.

Queremos sentirnos orgullosos de ellos delante de la gente, sin pensar que tal vez a ellos los estamos haciendo unos orgullosos y que harán de menos a la gente.

Al comprarle 'lo mejor' a nuestros hijos, tengamos cuidado de no estar criando consumidores. «Lo mejor» no es consumir. Si tanto nos llenamos la boca con que queremos que nuestros hijos «tengan lo mejor», enseñémosles a ser productores, no consumidores.

«Darle lo mejor» a nuestros hijos no es acerca de lo material. Hay cosas mucho más valiosas que el último reproductor de mp3. Hay cosas mucho más valiosas que la ropa de marca que compramos con la falsedad justificada de que «esa marca es la única que le queda a la nena, y además dura mucho tiempo».

Pensamos que «lo mejor» es hacerles la vida fácil. Si queremos que nuestros hijos sufran, hagámosles la vida fácil. Démosles todos los lujos que nosotros no tuvimos, hagámoslos vivir la vida que nosotros hubieramos querido vivir y justifiquémos todo esto con la excusa que les queremos «dar lo mejor».

Debemos de ejercer buen juicio, nuestros hijos son como la panza, no hay que darle todo lo que pide porque después huele muy feo.

Si queremos darles lo mejor, creo que hay que tomar la mitad del dinero de lo que pensábamos gastar en ellos e invertir el doble de eso en tiempo con la familia.

Claro, como quiero «lo mejor» para mis hijas pretendo que tengan todo lo que no pude tener, como juegos de video, computadoras, zapatos tenis de marca, ir a Disneylandia, televisores HD, Internet de banda ancha, etc. Al ver este listado, mi esposa me hizo reparar en que todo eso era lo que YO quería, no lo que ellas necesitaban. Con la cabeza accedí humildemente... ¡y salí de la casa a comprarlo todo!

Estoy convencido de que los regalos son la única herramienta que los papás tenemos a nuestra disposición para lograr que nuestros hijos e hijas hagan lo que queremos. El soborno no debería estar entre el listado de las acciones corruptas. Quiero solicitar a la policía de la Ley Moral que permita el soborno entre padres e hijas -o por lo menos, ¡entre mis hijas y yo!-.

Hay cosas que les compramos a nuestros hijos e hijas que no sirven para nada. Generalmente son todas aquellas que les compramos porque a nosotros nos gustan. Claro, siempre encontramos la forma de justificar la compra. «Le compré ese reloj porque tiene que saber qué hora es», decimos mientras inflamos el pecho porque es un reloj que pierde un nanosegundo cada 1.000 años y está hecho con piezas traídas del espacio. «Esos zapatos tenis son los que el doctor le recomendó al nene», explicamos mientras sonreímos con flatulencia emocional porque son de la marca de prestigio que a nosotros nos gusta y sabemos que ningún amiguito de nuestro nene tiene esa marca.

Luego, están aquellas cosas que son regalos, son genuinos obsequios. No son cosas nada más; son memorias, son momentos congelados para recordar. Son artículos que significarán algo especial para nuestros hijos.

La diferencia entre «cosas» que les compramos y «regalos» que les damos es profunda. Las «cosas» que les compramos, sólo perduran lo que dura lo comprado y generalmente son objetos que nosotros compramos.

La segunda, los «regalos» que les damos, perduran lo que dura la memoria de nuestros hijos y genuinamente los compramos por y para ellos.

Soy un papá enfermo, mi esposa duda que tenga solución mi problema. Yo les compro cualquier cosa a mis hijas, y si a mí me gusta, me paso de idiota y se las compro aunque no me la pidan. Me dan tristeza mis yernos porque les estoy arruinando a sus esposas -también es mi forma de vengarme por quitármelas-. Estoy seguro de que esto no es saludable, lo aconsejo en sesiones privadas, lo enseño en conferencia y hasta lo escribo en este libro, pero mi corazón me engaña, y la carita de mis hijas me seduce.

Sin embargo, hay veces en que les he dado genuinos regalos a mis hijas. Obsequios que guardarán y recordarán el resto de sus vidas. Mis palabras, mi mirada, mi amor va impregnado en esos regalos.

Creo que debemos comprarles menos de esas cosas que a nosotros nos gustan y regalarles más cosas que no sólo les duren toda la vida, sino que, al tenerlas toda la vida, nos oigan, nos vean, nos sientan a través de las memorias que les evoca ese regalo.

La proverbial cajita de música para las nenas. El tradicional juguete hecho a mano por el abuelo para los nenes. Necesitamos regresar, en estos tiempos, a la tradición de darles algo a nuestros hijos e hijas que puedan guardar el resto de sus vidas por amor a nosotros.

Ahora que lo pienso, yo les regalé a mis hijas una cajita de música. Pero era de una calidad tan mala, que dejó de sonar después de que la bailarina de plástico barato que giraba en el centro, dio la primera vuelta. Creo que les compraré una que no esté fabricada en China.

Les he dado a mis hijas algunos regalos muy especiales. Cosas que cada una de ellas y yo recordaremos por el resto de nuestras vidas.

Cuando ellas llegaron a edad, y de sorpresa les llegó el día en que la naturaleza las graduó de rojo y pasaron de niñas a señoritas, tuve la fortuna de estar en casa.

Anticipándome, muchos meses antes, había comprado un regalo lindo para entregarles el día que le tocara a cada una. A cada una de mis hijas, la Caperucita Roja la sorprendió en una edad diferente, en momentos diferentes de sus vidas. Cada una tuvo su fecha, y yo quería hacer de ese día, algo especial que ellas valoraran. El momento fue muy especial con cada hija.

Con cada una, empecé la conversación diciéndole lo especial que era y cómo Dios en su sabiduría la había hecho mujer y que las mujeres tenían un lugar privilegiado en la Creación.

Luego, la tomé de las manos y mirándola a los ojos enumeré todas las cosas bellas que ella representaba para mí. Le dije todo lo bueno que veía en ella.

También le conté las memorias más lindas que tenía de ella desde el instante en que nació hasta ese momento.

Tropezándome con mis propias palabras, le expliqué que ese día era especial porque pasaba de niña a señorita y entraba a una etapa maravillosa de su vida. Le recordé la responsabilidad que ahora debía tener con su cuerpo y cómo cada día se estaba acercando a alcanzar el propósito para el cual Dios la había creado.

Le dije que para que siempre recordara ese momento como algo especial, yo le quería dar algo, y a cada una le regalé una joyita diferente.

Al final de la conversación, el tipo de conversación que sólo un padre y una hija adolescente pueden compartir, tenía mis ojos lagrimosos de emoción. Una de ellas, cuando terminé de hablar, me dijo con vocecita de nena linda: «Papi» y me miró con profunda intriga. «¿Qué me va a preguntar?», pensaba yo mientras me secaba los ojos.

«Papi», la expectativa me estaba matando.

«Papi, ¿ya puedo ir a comer? ¡Tengo hambre y mi mami ya sirvió la cena!».

Con la otra fue un tanto diferente: «Papi, gracias por el regalo, ¿podemos ir al cine hoy en la tarde?!».

Son únicas mis hijas.

Cualquiera, a simple vista, podría decir que las niñas fueron mal agradecidas, que no tuvieron ni la menor empatía. No es así.

Mi esposa me explicó que ese día, nuestras hijas se podían sentir como flores marchitadas. No podía permitir eso, quería que ese día se sintieran como rosas en primavera. Quería que recordaran ese día como uno muy especial y que supieran que su papá celebraba la llegada de una nueva etapa en sus vidas.

Sí, una quería ir a comer y la otra, al cine. Está bien. Los momentos en que les damos algo especial a nuestros hijos e hijas no tienen que ser melodramáticos y hacer llorar al corazón más indiferente. Lo importante es que esas memorias seguirán con ellas durante el resto de sus vidas.

Cuando un padre le da algo a su hija, los dos ríen. Cuando una hija le da algo a su padre, los dos lloran. Y cuando les compramos estupideces, ¡la mamá es la que llora!

Además de toda la chatarra que a mí me gusta y que les compro -para pesadilla de mi esposa- sé que hay regalos que son memorias y que les recordarán siempre de mí.

Por ahora, ellas no me regalan mucho. Me dan esos trabajitos que realizan en la escuela para el día del padre, a veces no sé ni qué son, pero siempre les digo que están lindos. El día vendrá en que ellas me darán cosas que serán especiales para mí y llevarán su voz, sus abrazos, ¡sus intolerables gritos!

Son fuerzas poderosas las que nos llevan a comprarles cosas a nuestros hijos porque a nosotros nos gustan y que luego justificamos que es porque «les queremos dar lo mejor».

Nos hinchamos el pecho de orgullo cuando alguien más admira lo que nuestros hijos tienen. Me pregunto si esto no está dañando el corazón de ellos y los hará pensar que ser admirado por tener «cosas», es lo importante.

Hay muchos que se convierten en expertos del futuro de sus hijos. Han hecho todas las investigaciones, han consultado a todos los sicólogos y han leído todos los libros -¡excepto éste!-.

Ya saben cuál es el mejor método de estimulación temprana para que sus hijos sean adelantados. Ya saben qué colegio o escuela es la mejor para que sus hijos tengan la mejor oportunidad académica. Han comprado casa cerca de ese colegio o escuela -aunque para cuando las criaturas lleguen a la edad escolar, ése no será el mejor colegio-.

Ya saben qué videos de *YouTube* hay que enseñarles todas las mañanas y qué oraciones hay que recitarles todas las noches. Ya saben cuál es la temperatura ideal en la que deben jugar y qué marca de leche tiene el máximo de calcio. Ya los llevan con el mejor pediatra de la ciudad; sí, ése que se especializó en el extranjero (me imagino que porque los niños extranjeros son más enfermizos) y con el mejor dentista aunque la criatura aún no tiene dientes.

Ya los llevaron a la mejor escuela de natación, a la mejor academia de ballet y en las tardes reciben clases de chino para que sean negociantes y clases de inglés para que sean diplomáticos. Les compraron equipo de golf en miniatura por si llegan a ser millonarios ¡y una guitarra de juguete para que sean *rock stars*!

Por milenios, la humanidad ha sobrevivido sin sicopedagogos infantiles de estimulación temprana, ha sobrevivido sin el pediatra graduado en el extranjero. La humanidad ha sobrevivido con niños jugando en la nieve en temperaturas bajo cero y montando camellos en desiertos con temperaturas como las del Sol sin que les dé catarro y sin que les dé insolación.

Debemos tener cuidado de no obsesionarnos con nuestros hijos y empezar a actuar igual que aquellos padres que pretenden que les dan lo mejor a sus hijos en lugar de ser los mejores padres que sus hijos puedan tener. Lo importante no es lo que le vamos a dar o proveer, no es acerca de lo que vamos a hacer *por* ellos. Lo importante es lo que haremos *en* ellos.

El consumo de marcas y la carrera porque sean celebridades lentamente erosiona el corazón de nuestros pequeños. Los anestesiamos al punto que muy temprano en sus vidas empiezan a pretender únicamente las marcas y aparece el deseo de ser celebridades que nosotros les inyectamos como drogas bajo la excusa de «darles lo mejor».

El dicho norteamericano que critica a la avaricia reza: «El que se muere teniendo más juguetes, gana». A veces pareciera que eso es lo que queremos de nuestros hijos, que tengan más y mejores juguetes que los demás.

Si tenemos las posibilidades, ¿por qué no comprarles los mejores juguetes? El problema no es comprarles los mejores juguetes, el problema es que crean que eso es todo en la vida.

Por supuesto que cualquier padre responsable quiere que sus hijos e hijas tengan la mejor educación y el mejor cuidado médico. Todos anhelamos que nuestros hijos tengan cosas bonitas y ropa apropiada. La pregunta es: ¿lo hacemos por nuestro orgullo o lo hacemos por el bienestar de ellos?

Está bien, comprémosles «lo mejor» de todo, de nada les servirá si no les enseñamos lo que realmente significa «mejor». En mi caso, creo que lo mejor que les puedo dar a mis hijas son convicciones de vida que las ayudarán a mantenerse en su camino.

También, más que la mejor educación, más que la mejor ropa, más que las mejores marcas, mis hijas me necesitan a mí. Si no les doy lo mejor de mí, lo demás se convierte en lo peor.

Lo mejor de mí, es mi amor, mi respeto, mi admiración. El tratarlas como las hijas maravillosas que Dios me dio, es «lo mejor».

Hacerles creer que tener cosas es lo más importante, es asegurarles la mayor decepción de sus vidas. Es llevarlas por el camino del corazón roto.

Nuestras hijas pueden llegar a los dieciocho años con sus brazos llenos de regalos pero con un corazón roto en mil pedazos. Al final, nuestras hijas preferirán llegar a la vida con un corazón entero aunque no tengan los brazos llenos de regalos.

El Libro de Proverbios dice que un buen nombre es mejor que el oro. Si genuinamente queremos dejarle algo bueno a nuestros hijos, nada será más valioso, que un buen nombre. Una de las mejores herencias que un papá le puede dejar a sus hijos no son cosas de marcas ni juguetes que hacen orgulloso al papá, la mejor herencia es una buena reputación. Shakespeare, parafraseando a *La Biblia*, dijo: «Los pecados de los padres, serán puestos sobre los hijos». La forma en que conducimos nuestra vida tendrá un impacto en la vida de nuestros hijos e hijas, incluso muchos años después de que nosotros ya no vivamos.

El nombre de nuestra familia, convicciones sólidas de vida, el ser productores y no sólo consumidores; estas cosas se contraponen a lo material que nos fascina tanto darle a nuestros hijos e hijas. La próxima vez que quieras comprarles lo «mejor», piensa si lo haces por él, por ella, o si lo haces para llenar tu orgullo. Creo que la respuesta cambiará mucho la forma en que le enseñas a tus hijos y tus hijas qué significa tener «lo mejor» en la vida.

CAPÍTULO 6

CRIMEN Y CASTIGO

NUESTROS HIJOS SON NIÑOS,
POR ESO ACTÚAN ASÍ.
A NOSOTROS NOS TOCA
SER LOS ADULTOS;
ES ABURRIDO, YO LO SÉ,
PERO ES NECESARIO.

Odio las reglas, nunca me han gustado. Tengo un espíritu indómito y rebelde que se rehúsa a entrar en moldes. Claro, a mis hijas las he sentado y, como sacerdote hablándole a los acólitos, les he dado todo el discurso tradicional acerca de la reglas -que confieso, en su mayoría, ¡no creo!-.

Sí, creo que las reglas son aburridas. Creo que muchas veces están para hacerle la vida más fácil a quien las escribió; pero tengo que reconocer que son importantes y que al final, forman carácter. Sin embargo, humanos al fin, muchas veces al crear reglas nos volvemos sirvientes de ellas. Se nos olvida que existen para nosotros, no nosotros para ellas. Si eres honesto y haces una evaluación sincera de las reglas que conoces y las que has puesto, te darás cuenta de que la mayoría, son tontas. Por eso una de mis reglas preferidas es: «No ponga reglas tontas».

Podemos, a veces, llegar a ser tan legalistas que nuestra casa se asemeja más a un centro militar ruso que a una casa donde, en diversión y amor, nuestros hijos e hijas pueden crecer y desarrollar carácter. Las instituciones tradicionales muchas veces nos han enseñados a cumplir las reglas sin que pensemos en el valor de las mismas. Parecería que lo que importa es sólo seguir reglas, no el desarrollar discernimiento. Cuando sólo queremos que se sigan las normas, podemos estar modificando el comportamiento sin afectar el carácter, ahí, las reglas no sirvieron de nada.

Aún así, es importante que nuestros hijos e hijas aprendan a respetar las normas porque las van a encontrar durante toda la vida.

Mi esposa se enoja conmigo porque a veces me sale lo guerrillero y comienzo a adoctrinar a mis hijas en los métodos de la selva sobre cómo circunvalar las reglas; en pocas palabras, en cómo salirse con la suya. Eso es bueno porque les enseña astucia, es malo porque les enseña a no cumplir las reglas y más adelante en la vida, les puede ocasionar problemas, aunqe la historia nos dice que los grandes avances de la humanidad se lograron porque hubo individuos que rompieron reglas establecidas

Esto de las reglas generalmente se convierte en algo de extremos. Los papás muchas veces pecamos por no corregir a nuestros hijos, y luego, en muchas oportunidades, también pecamos al corregirlos demasiado.

Cuando nuestras hijas eran pequeñas y mi esposa tenía que salir a alguna reunión y dejar a las niñas, siempre buscaba a alguien que viniera a la casa a cuidarme mientras yo cuidaba a las nenas. Ahora me doy cuenta: creo que no confiaba en mí. Es increíble que el comportamiento normal en mi casa, lo tienen mis hijas, no yo.

Cuando eran bebés, muchas veces no sabía qué hacer con ellas. Pero una cosa tenía clara, las tenía que ir formando.

Mi esposa me decía: «No se te olvide cambiarle los pañales a la bebé». ¿Cambiar pañales? ¡Yo me preguntaba si no había posibilidades de cambiar a la niña por una que no usara pañales!

Pero aún así, con la torpeza de no poder cambiar los pañales, sabía la importancia de la formación y la corrección. Eso lo aprendí en casa.

De chico, yo no era exactamente un niño lindo bien portado. Era la clase de niño que no necesitaba oración, ¡yo necesitaba exorcismo! No sé dónde lo aprendió, pero mi mamá cuando ya no me toleraba me decía: «Junior, acuérdate que yo te traje a este mundo y yo te puedo sacar». Gracias a Dios nunca lo cumplió, aunque estoy seguro de que varias veces estuvo cerca de acabar con mi existencia.

Pensamos que el castigo es un crimen, pero es realmente lo contrario; el crimen es no castigar. Cuando lo que nuestros hijos hacen mal no tiene consecuencias, les estamos asegurando el fracaso social.

Cuando mis hijas eran bebés, las podía cargar y sentarlas en la silla alta para que comieran. Siempre logré sentarlas. Nunca pude sacarlas.

Para sacarlas, llamaba a la mamá, especialmente después de un día en que creo que estiré de más la pierna a una de las nenas. El pie se le había quedado trabado en la silla y yo sólo apliqué fuerza bruta al halar.

Menciono esto porque el famoso director del FBI, Edward Hoover dijo una vez que la solución para tanto crimen no era la silla eléctrica sino la silla alta de bebé, como la que usaban mis hijas. Es ahí donde el hogar forma a futuros criminales o a futuros héroes.

Es doloroso corregir a nuestros hijos y a nuestras hijas, pero dolerá más no corregirlos.

Por otro lado, tenemos que tener cuidado. A veces las emociones nos controlan más de lo debido y permiten que el temperamento gobierne nuestra mano haciendo que el castigo duela más de lo necesario.

Los papás debemos de tener manos firmes pero cariñosas. Nuestros hijos deben saber que la misma mano que muestra amor acariciándolos, muestra amor castigándolos. Nuestros hijos e hijas no le deben tener miedo a nuestra mano, no le deben tener sólo respeto, le deben tener amor. Es un arte, es una ciencia, y francamente creo que nadie ha alcanzado el balance perfecto.

Hay veces en que mis hijas están siendo mis hijas, o sea, fastidiosas y veo en la mirada de mi esposa que ella, en ese momento, sabe muy bien por qué los animales se comen a sus crías. Aprovecho una oportunidad en que han sido mis hijas las que llevaron la paciencia de mi esposa al límite, y con falsa gallardía sentado en mi sillón de papá le digo: «Quisiera ser sapo. Y desearía que las nenas fueran renacuajos para comérmelas porque nos han desesperado». «¡Ja!», me responde con la mirada de fastidio ahora clavada en mí, y con tono de advertencia final, agrega: «Dale gracias a Dios de que no soy una viuda negra».

Las mamás tienen más paciencia con los hijos que con los maridos, está en su naturaleza ser así. Eso les da una sabiduría especial para bregar con las crisis de comportamiento que a veces estallan en casa.

Mi esposa combina perfectamente la paciencia con la resolución.

Cuando la escucho llamarles la atención a nuestras hijas, siempre me recuerdo que tengo que hablar con ella. Tengo la leve sospecha de que ella sólo puede contar hasta dos. Siempre que les da a mis hijas la orden para que dejen de hacer algo, empieza: «Una», y estira la 'a' hasta que se queda sin respiración. Sigue con: «Dos», y la 'o' se vuelve casi musical... pero lo dice en ESE tono de voz que sólo las mamás pueden tener. Nunca la he oído decir «Tres». Creo que mis hijas saben que ella sólo puede contar hasta dos y entonces dejan de hacer la fechoría antes del «Tres».

Yo, intenté la misma técnica; llegué hasta diez y no vi que mis hijas cambiaran el comportamiento. Creo que es algo de mamás.

Lo mismo ocurre con las razones. Cuando doy una orden en mi casa, mis hijas me preguntan: «¿Por qué?», ¡siempre preguntan «¿por qué?»! Siendo la clase de padre responsable y dedicado que soy, empiezo a explicarles en profundidad la razón por la cual les doy esa orden. Muchas veces ni yo sé por qué la di, entonces me invento algo, pero siempre les explico las razones y los propósitos. Para cuando termino de explicar, ya es anticlimática la orden y ya no importa si la siguen o no.

Con mi esposa no es así. Cuando ella da una orden y alguna de mis hijas oza en preguntar: «¿Por qué?», ella siempre contesta lo mismo: «¡Porque yo digo!», me parece una respuesta un poco escueta pero le funciona; en el momento, se cumple la orden.

No es fácil corregir con paciencia. Es más fácil soltar la lengua o estirar la mano. Es mas fácil escoger el calificativo denigrante mas conocido y gritarlo o tomar el objeto más cercano y lanzarlo. Pero se nos olvida que ser papá es pasar la batuta, no pegar con ella. El propósito de castigar a nuestros hijos es alumbrarlos con nuestra luz no cegarlos con nuestra ira. Tengo que confesar, con vergüenza, que en ocasiones no he alumbrado.

Debemos dedicar más tiempo a la prevención que al castigo. Por eso, las conversaciones con nuestros hijos e hijas son tan importantes. William Shakespeare, en El Mercader de Venecia, dijo: «Es un padre sabio el que conoce a su hijo». Ésta es la cuestión, no los conocemos.

Nuestros hijos están hablando, el problema es que pensamos que no nos hablan a nosotros. Ellos tienen mucho que decirnos, el problema es que nosotros hablamos tanto que no los dejamos hablar a ellos. Nuestros hijos e hijas necesitan que tengamos conversaciones significativas con ellos. Tal vez pensamos que a nuestros hijos o hijas no les importa lo que decimos, pero no es así. A ellos, sí les importa lo que decimos, no lo demuestran como quisiéramos, pero sí les importa.

Si habláramos menos y escucháramos más, no sólo podríamos entenderlos mejor sino que ellos también nos entenderían más a nosotros.

Si no tenemos tiempo para estar con nuestros hijos y nuestras hijas cuando hacen cosas buenas, no deberíamos tomar tiempo para castigarlos cuando han hecho algo malo.

Castigar a nuestros hijos es lo más fácil. Ponerlos en el banco de los acusados y declararlos culpables es relativamente sencillo. Pero creo que debemos tomar también nuestra responsabilidad como papás y sentarnos nosotros primero en el banquillo de los acusados y evaluar si hemos hecho todo lo posible por nuestros hijos.

Cuando tenía ocho años, estaba enojado con mi mamá porque ella se había equivocado en algo. Mi madre, con la paciencia de una vieja monja me sentó y se sentó frente a mí —siempre he pensado que cuando les hablamos a nuestros hijos debemos hacerlo a su nivel, y mirarlos a los ojos, ellos no se deben sentir inferiores— y comenzó a explicarme que ser mamá era difícil.

Recuerdo que, sentada con sus manos sobre sus rodillas, me miraba mientras hablaba. La verdad, no me acuerdo de nada de lo que me dijo; pero una cosa me quedó de esa conversación, con mucha dulzura en su voz, me confió: «M'ijo, a mí nadie me ha enseñado cómo ser mamá de un niño de ocho años. Mucho menos de un hijo como tú».

¡Oh! A esa edad, yo lo comprendí. Mi mamá estaba aprendiendo y a veces se equivocaba. Ella no se estaba eximiendo de su responsabilidad como madre, ella no estaba tratando de excusar alguna acción negativa. Ella estaba diciéndome la verdad; nadie le había enseñado a ser mamá de un niño como yo.

Es bueno admitir que, como papás, todos nuestros patitos no están bien alineados. Es bueno admitir que nos equivocamos. Yo he tenido que sentar a mis hijas y explicarles que no tengo a todos los jugadores en el partido y, por eso, a veces me cuesta ser el papá estrella del campeonato.

Siempre criticamos a las nuevas generaciones como si no tuviéramos nada qué ver con el hecho que ellos aprendieron de nosotros. Tenemos el derecho de exigir que nuestros hijos no se equivoquen si nosotros no nos equivocamos.

La justicia es complicada, pero no por ser complicada debemos abandonar la búsqueda de ser padres justos.

Es natural que nuestros hijos e hijas hagan cosas que necesiten castigo y corrección. Lo que hacen, no lo hacen porque son malos o malas, lo hacen porque no han vivido lo suficiente y necesitan aprender. Por otro lado, déjame decirte que a veces, sí saben lo que hacen y muchas veces no te vas a enterar.

Créeme, tus hijos han hecho cosas que hoy desconoces, te lo contarán algún día, pero si te lo cuentan hoy, o los matas o te mueres. Vive en paz, y cuando seas viejo y te lo cuenten, no pongas cara de sorprendido, soporta el ataque de corazón que te está dando, pon cara de jugador de pocker y diles: «Sí, yo ya lo sabía». Igual no te creerán.

También puede suceder lo contrario. Puede ser que tu hayas hecho cosas en casa que por tu supervivencia personal no puedes permitir que tu esposa lo sepa. Sin embargo, tus hijos saben lo que has hecho y con premeditación y alevosía podrían chantajearte por ello.

Eso pasa conmigo. Tengo secretos en mi cofre que si mi esposa los descubriera, pues creo que mi vida correría peligro. Mi problema es que mis hijas conocen esos secretos, aunque se hacen pasar por mansas palomas, se dan cuenta de todo y astutamente quieren tomar ventaja sobre mí; su padre inocente. Sin embargo, soy más inteligente que mis hijas; les he enseñado las fotos que tengo de ellas desnudas cuando eran bebés y las he amenazado con que si le dicen algo a su mamá, publico esas fotos el día su boda. Hasta ahora, este tipo de diplomacia me ha funcionado.

Nuestros hijos saben muy bien lo que hacen cuando son traviesos, pero cuando se equivocan, les tenemos que extender gracia entendiendo que sus errores no son de malicia, si no de ingenuidad.

El asunto es que no podemos dejar de corregir y castigar, pero no podemos vivir sólo corrigiendo y castigando.

Mi siquiatra -creo que para estas alturas te habrás dado cuenta de que necesito un siquiatra-, es un tipo de pelo negro, de sonrisa macabra pero de ojos honestos. Carlos, me explicó un día algo importante acerca del castigo. Me dijo que la razón por la que la tradición antigua sólo permitía treinta y nueve latigazos, se debe a que después de tantos golpes, al hombre ya no le importaba más lo que le ocurría.

No sé si me lo dijo porque creía que aún así yo merecía más de treinta y nueve latigazos o para prevenirme de no ser un idiota y castigar a mis hijas más de lo debido.

Llegaremos más lejos si damos más premios que castigos. Ciertamente llegaremos más lejos si afirmamos más, si validamos más; si constantemente estamos elogiando a nuestros hijos. Cada día, cuando mis hijas salen de casa hacia el colegio, les digo lo maravillosas que son. Les recuerdo que son las mejores hijas del mundo y que esperen un grandioso día porque este día lo hizo Dios para ellas.

No es fantasía, no es un cuento de Tolken o de C.S. Lewis. Les digo todo eso, aunque haya regañado a una de ellas por no apurarse en la mañana. Se los aseguro, aunque ese día esté gris y lluvioso porque lo que estoy haciendo es enseñarles que no son las circunstancias de afuera las que tienen que determinar su ánimo y su destino, sino que a pesar de lo que suceda, tienen grandes oportunidades de salir adelante.

He descubierto que mientras más tiempo dedico a afirmar las cosas buenas que hacen, menos tiempo tengo que pasar regañándolas. Mi meta es pasar más tiempo felicitando y menos tiempo castigando. Para eso tengo que buscar más oportunidades de felicitación.

Está en la naturaleza humana nacer con la necesidad de ser aceptado y amado. Todo bebé llega al mundo con esta gran necesidad. Sin embargo, no debemos aceptar y amar a nuestros hijos sólo porque hacen lo que decimos o lo que queremos.

Aunque no hagan lo que decimos o queremos, debemos amarlos. Amo a mis hijas no porque son buenas, sino porque son mis hijas. No debe haber condicionamiento por nuestro amor. Muchas veces castigamos con el corazón. Los amamos y los apreciamos cuando son obedientes, cuando son buenos. Pero cuando hacen «algo malo», los castigamos con el látigo de nuestro desprecio. Esta actitud puede llevar a nuestros hijos e hijas a buscar amor, aprecio y aceptación en otros lugares fuera del hogar.

Por eso, creo que debemos ser exuberantes cuando elogiamos y celebramos a nuestros hijos, pero debemos ser suaves y gentiles cuando los corregimos. Como a mí me sale a menudo la bestia, se me olvida este principio y tengo que confesar que muchas veces no he sido suave ni gentil al corregir.

El trato que les demos a nuestros hijos determinará su comportamiento. Tenemos que ser cuidados de no ser ásperos y duros con ellos. En la vida de mis hijas, el ADN ha determinado el color de sus ojos, pero el trato que yo les dé, alumbrará o apagará esos mismos ojos. ¡Quiero que brillen! Por eso, hace tiempo hice un propósito de hablarles siempre bien. Siempre afirmarles sus buenas actitudes.

Mis hijas no necesitan que yo sea su crítico, necesitan que sea su papá, sólo eso. Las palabras que los papás decimos tienen consecuencias profundas para nuestros hijos.

Nuestras palabras les marcan el futuro. Cuando les decimos que son tontos o tontas, se lo creen, y empiezan a actuar de acuerdo a lo que piensan que son.

Nuestros hijos e hijas creen en las palabras que salen de nuestra boca, sí, pero al final del día creerán más en lo que les decimos a otros acerca de ellos.

No entiendo cómo es posible que haya papás que critican a sus hijos, que hablan mal de sus hijas delante de otras personas. «Ay, ya no lo aguanto». «Ya no se qué hacer con ella». Es obvio que el problema no es el chico o la chica, el problema es el papá que ya se dio por vencido y ha descartado a su hijo, a su hija.

Cuando ya no sabía qué hacer con mis hijas porque molestaban mucho o porque estaban gritando demasiado y me provocaban una jaqueca, siempre seguí el consejo que aparece en las advertencias de las medicinas para el dolor de cabeza: «Manténgase alejado de los niños».

Es cierto, a veces nos sacan de quicio. Es normal. Pero en ese caso, lo mejor es apartarnos unos minutos, salirnos, encerrarnos en el baño, subirnos a la terraza -algo- y seguir las instrucciones que se dan en las advertencias de los remedios para el dolor de cabeza: «Manténgase alejado de los niños». Una vez ahí, debemos de reflexionar en todo lo bueno que ellos, que ellas, son para nosotros y salir con el propósito que antes de matarlos con la escoba como si fueran bichos, vamos a decirles lo afortunados que somos de ser sus padres. Ojalá, que ellos se sientan igual acerca de nosotros.

¡Qué lindo es ser imperfecto! Aprendo cada día algo nuevo acerca de ser papá, incluyendo todo el tema de la corrección y el castigo.

Debemos ser honestos con nuestros hijos. No hay por qué poner delante de ellos una pantalla de perfección y pretender que ya sabemos todo. Es bueno y normal que nos equivoquemos delante de ellos. En mi caso, no ha sido nada difícil.

Nethanya, una de mis hijas, me cobra un dólar cada vez que digo una mala palabra. Ella me está enseñando que los papás deben dar un buen ejemplo, aunque a veces es re aburrido dar un buen ejemplo.

Al hacer esto, no sólo estoy quedándome pobre, sino que estoy afirmando valores importantes. *La Biblia* dice: «No hablen ninguna palabra soez…». Es importante que nuestros hijos aprendan a no maldecir. «Maldecir» significa eso, «decir mal». Cuando nosotros maldecimos, les estamos enseñando que está bien denigrar a otra persona, que está bien «decirle mal» a las circunstancias o a las personas.

Mis hijas conocen mi corazón, saben que no voy a maldecir a las personas o a las circunstancias, igualmente saben muy bien que no le deseo mal a nadie. Pero también saben que soy de carne y hueso. Por eso, cuando mis emociones me sorprenden haciéndome hablar como un perfecto idiota, ellas están ahí para recordarme lo que yo les he enseñado, y para cobrarme el dólar por mi estupidez.

Por eso es que no sé por qué regañan a los niños cuando dicen malas palabras o cuando insultan a alguien, deberían regañar al papá, porque lo más probable es que lo hayan aprendido de él.

Es impresionante lo obediente que soy a mis hijas. Siempre me están diciendo qué hacer, y a veces hasta me regañan. Creo que es bueno que de vez en cuando ellas, con cortesía y amor, me pongan en mi lugar. Lo bueno es que lo aprendieron de mí. Si las voy a regañar, siempre hago lo posible para hacerlo con cortesía y amor.

El otro día, mientras una de mis hijas me daba argumentos y me explicaba por qué yo estaba equivocado en algo (y sí lo estaba, pero soy un papá muy orgulloso para aceptarlo), me di cuenta de cuánto han crecido. Vi con claridad también que ellas no son las únicas que han crecido, yo he crecido mucho, no sólo de panza, sino de espíritu y de corazón. Luego me di cuenta de que mientras yo veía a mis hijas crecer, ellas también me estaban viendo crecer. Creo que si les preguntas, ellas te dirán lo orgullosas que están de mí, de cómo he madurado.

Yo pensaba que ser papá era algo para hombres perfectos, cuál fue mi sorpresa que entré a la tarea de ser papá siendo muy imperfecto y es precisamente el ser papá lo que me está perfeccionando como papá. Me he dado cuenta de que llegar a ser papá fue fácil, y muy divertido, pero ser el padre que mis hijas necesitan, ésa es otra fiesta, una muy difícil.

Sólo yo puedo ser el papá que mis hijas necesitan. Y es hermoso, sólo ellas pueden ser las hijas que yo necesito.

Una vez escuché a un predicador cristiano demandar honra de parte de los hijos porque *La Biblia* lo mandaba.

Tenía razón, *La Biblia* dice que los hijos deben honrar a los padres, es tal vez uno de los mejores consejos que da. Sin embargo, en todo su discurso, sólo oí acerca del compromiso de los hijos. Me pareció extraño que no hablara de la enorme responsabilidad que *La Biblia* pone sobre los padres. No podemos esperar que los hijos honren a los padres si los padres no construyeron, durante años, honra hacia los hijos.

Los papás somos los que tenemos la primera responsabilidad, no son lo hijos. Es muy probable que mucho de lo que no nos gusta de nuestros hijos e hijas, lo hayan aprendido de nosotros.

Es nuestra responsabilidad formarlos. La formación no se logra sólo cada vez que los regañamos o cada vez que tenemos que tener una «charla» con ellos o con ellas. La formación se consigue a través de la vida diaria, en todo lo que hacemos en casa, en la disciplina regular de cada cosa que realizamos.

Ya investigué, y no hay pruebas de que alguna vez, en algún momento de la historia, alguien haya muerto por dormir en una cama sin hacer. Mi esposa quiere que las camas siempre estén hechas, no entiendo por qué, ¡si en la noche uno las deshace! Sin embargo, veo que el hecho de tener una cama arreglada no sólo sirve para que mi esposa esté en paz -y por ende ¡todos en la casa tenemos paz!-, sino porque le enseña a mis hijas algo más, les enseña disciplina, les enseña orden que después en la vida podrán elegir seguir o no. Mientras escribía esto, fui a ver las camas de mis hijas, es increíble lo que una cama hecha puede enseñar en la vida. Pero insisto, qué rico acostarse en una cama desarreglada (¡no le digan a mi esposa que dije esto!).

Una de mis hijas es un poco desordenada en su habitación. Como soy muy positivo, le digo a mi esposa que no se enoje: «No es desorden» -le explico-, «es una forma muy creativa de arreglar la habitación». ¡A estas alturas, no creo que a mi esposa le interese la creatividad! Siempre que entra a la habitación de nuestra hija, pasea su vista por todo el cuarto y le dice: «¡Ay!, qué vergüenza con tu suegra, cuando tengas una, me le voy a esconder». Aún no entiendo qué tiene que ver la futura suegra de mi hija con la forma creativa de arreglar la habitación. Lo que sí sé, es que toda esta conversación de la cama y de la habitación no es sólo de la cama y la habitación, es acerca de la vida, es acerca de consistencia y disciplina.

¿Crimen o castigo?

Una de mis hijas le dijo a una visita que llegó a mi casa: «Aquí mi papá es el que manda», luego, se puso su pequeño dedo en la boca y como retractándose para corregir algo que no había dicho completo siguió: «… hasta que viene mi abuelita, entonces manda ella». Me alegró saber que mi hija entendía bien la cadena de mando. Incluso, una vez que la tuve que regañar me dijo: «Si me castigas, le voy a ir a dar la queja a mis abuelitos para que te regañen a ti». ¡Qué lindo que mis hijas puedan tener esa apertura de expresión para ventilar la frustración que viene con un regaño! Igual, al final del día, ellas sabrán que quien está corrigiendo soy yo, que quien va a poner el castigo es su papá. Espero que entiendan que no castigarlas, sería un crimen.

CAPÍTULO 7

MUCHO SEXO

GRACIAS A DIOS,
EL PAPÁ IMPERFECTO
NO LE ENSEÑA A SUS HIJOS
TODO LO QUE SABE.

Sí, ¡mucho sexo!

Y ahora que tengo tu atención, puedo hablar de otra cosa.

La verdad es que no se requiere mucho sexo para ser papá, con una vez por criatura basta, pero me alegro de que el sexo no sólo sea para tener hijos.

Esto del sexo continúa siendo un asunto complicado, especialmente cuando involucra a nuestros hijos e hijas. Por mucho tiempo, la humanidad en el Oeste tenía unas ideas tan cerradas acerca de la sexualidad que vivía como si no existiera el sexo. Pasó el tiempo y hoy en día, pareciera que se tienen unas ideas tan desubicadas que se vive como si no hubiera otra cosa más que el sexo.

La educación sexual no debe ser dejada a los expertos en educación ni mucho menos a los expertos en sexo. La educación sexual debe ser dada por aquellos que se sonrojan, que no saben cómo exponer ese tema. Debe ser dada por los que les da vergüenza hablar del pene y de la vagina. La educación sexual debe ser impartida por los que no tienen ni la menor idea sobre cómo explicar la responsabilidad sexual; por aquellos que tienen temor de tomar una postura absolutista en cuanto a la moral del sexo y atreverse a decir qué es bueno y qué no. ¡La educación sexual debe ser tarea de los padres!

Muchas veces los papás queremos que la escuela, que el gobierno, que la Iglesia le enseñe a nuestros hijos sobre el sexo. Está bien que los papás cometamos tonterías de vez en cuando, pero en este tema, no podemos ser tontos, tenemos que afrontar la situación como Superman delante de un tren.

La escuela no tiene las herramientas emocionales para enseñarles sobre sexo a nuestros hijos. Todo lo que quieren es que las chicas no queden embarazadas. Las influencias extranjeras en los países latinoamericanos tienen una agenda muy de acuerdo a sus valores y no les importa las consecuencias emocionales de nuestros hijos e hijas. No les importa si los conejitos siguen jugando y jugando sin parar, todo lo que quieren es que las conejitas no queden preñadas. No les importa si los chicos se acuestan y tienen relaciones sexuales con todo el colegio, lo importante es que no tengan hijos. Por eso, la escuela no debe ser el referente de la vida sexual de nuestros hijos. Hay mucho más que nuestras hijas deben aprender acerca del sexo que simplemente «no quedar embarazadas».

El gobierno no tiene la solvencia moral para hablar de sexo tampoco, bueno, la verdad, ¡no creo que tenga la solvencia moral para hablar de nada!

El gobierno sólo quiere recibir el dinero de organizaciones mundiales para ayudar a pagar por el programa de educación sexual y para poder comprar preservativos. Si nuestros hijos tienen o no tienen relaciones sexuales, al gobierno le es irrelevante. Lo que el gobierno quiere es poder repartir condones para verse muy progresista. No tengo problema con que un gobierno reparta condones, si eso es lo que los ciudadanos desean, lo que sucede es que el padre de mis hijas soy yo, no el gobierno.

El norte moral, espiritual y emocional que mis hijas tengan en cuanto al sexo lo debería decidir yo. No puedo relegarle al gobierno mi responsabilidad de enseñarles a ellas sobre sexo. Si el gobierno le quiere poner un condón a cada chico de mi ciudad, está bien, pero lo ignorante de campañas como ésas es que les pueden poner un condón a nuestros hijos para que los proteja de embarazos y enfermedades, pero no les pueden poner un condón en su corazón que los proteja de males más profundos. Ignoran que en asuntos de sexo el tema no es sólo de salud, también es de moral por las consecuencias que pueden surgir.

La enseñanza del sexo no es una charla fisiológica. Está relacionada con toda la vida, sobre todo con el corazón. Tiene que ver con el valor de la vida, con el respeto al cuerpo que Dios les ha dado a nuestros hijos, tiene que ver con la autoestima y el valor de lo íntimo.

Tampoco podemos esperar que la Iglesia o la religión tome nuestra responsabilidad. Aunque, a mi parecer, la iglesia cristiana tiene la postura correcta acerca del sexo, creo que la Iglesia Católica y las Iglesias Evangélicas han demostrado que poseen la forma más arcaica e inadecuada de enseñar sobre el tema.

Las palabras sexo oral, pene, vagina, condón, penetración, semen, etc., nunca se escuchan en la Iglesia, mucho menos dichas por las autoridades de estas instituciones. Da la impresión que las autoridades no saben nada al respecto. Es risible que quieran arbitrar la actividad sexual de la juventud sin utilizar el léxico que los jóvenes usan para hablar sobre el sexo.

Es un secreto a voces que lo que sucede se debe a que las iglesias están más preocupadas con su reputación de «pudor» que con el hecho que chicos y chicas necesitan tener absolutos en sus vidas acerca del tema del sexo. Pareciera que lo único que les interesa a las iglesias es que las jóvenes lleguen vírgenes al matrimonio. Y creo que si les van a decir que «se cuiden» y que «lleguen vírgenes al matrimonio», deben de poner el mismo énfasis y decirles a los varones que si se quieren casar con una virgen, deben tener la hombría de llegar ellos vírgenes al matrimonio también.

Nadie está mejor capacitado para enseñar sobre sexo que el papá. La enseñanza sobre el sexo no es sólo la charla sobre «De dónde vienen los bebés». La enseñanza, como otros aspectos de la vida, viene del diario vivir, de cómo nos conducimos en ese tema.

La forma en que nos referimos al sexo opuesto, los chistes que contamos, la actitud que tomamos cuando el tema sale en la conversación. Cómo juzgamos el asunto del sexo cuando aparece en la televisión o cuando está en las noticias. El respeto que mostramos ante el cuerpo humano, nuestros comentarios acerca de la promiscuidad sexual.

Todo esto les enseña a nuestros hijos acerca de los valores sexuales.

Conozco padres de familia que no sólo no se tomaron el tiempo de sentarse con sus hijas a hablar claramente sobre sus creencias acerca del sexo, sino que lanzan comentarios como: «Si te vas a ir a acostar con un chico y resultás embarazada, ni te atrevás a regresar aquí».

Ahí el problema no es el sexo, el problema es el papá.

Muchos papás pasan la vida pensando que sus hijos no saben nada de sexo. Créeme, tus hijos ya saben mucho sobre el sexo, te sorprenderá saber cuánto saben. La pregunta no es si saben o no, la pregunta es que si lo que saben es lo correcto o no; si es lo que está de acuerdo a la escala de valores que has enseñado en tu casa.

Es importante que nuestros hijos e hijas sepan lo que creemos sobre el sexo y las relaciones sexuales. En mi caso, hablando a través del tiempo y también en oportunidades específicas, he declarado lo que en nuestra casa se cree acerca del cuerpo, las relaciones sexuales y la expectativa que tenemos de los miembros de la familia. No sólo se circunscribe a una charla sentados en el sofá.

Desde bebés, mis hijas me han oído hablar acerca del sexo en las conferencias que doy a jóvenes y a padres de familia. Saben lo que creo y lo que espero de ellas como mujeres. Sé con claridad que no es la charla que he tenido con ellas la que ha formado sus valores sexuales, sino que han sido mis actitudes diarias hacia mi esposa, hacia el cuerpo de la mujer. Han sido mis comentarios en la mesa cuando el tema sale en la conversación. Han sido mis opiniones acerca de noticias o escenas de películas las que les han ido formando sus valores sexuales.

No podemos permitir que sean los amigos, la sociedad en general, los medios de comunicación, los fabricantes de condones, los que formen los valores sexuales de nuestros hijos e hijas. Los medios de comunicación masiva siempre van a empujar sin misericordia valores muy diluidos acerca del sexo. Nosotros, los padres, y no las estrellas de televisión, debemos ser el referente en la vida de nuestros hijos e hijas.

Yo les digo a mis hijas que sé más de sexo que ellas. «¿Cómo creen que ustedes están en este mundo?», les pregunto mientras mi esposa se sonroja y me pellizca por debajo de la mesa.

Siempre les digo que, aunque reúnan a todos sus amigos y amigas y acopien todo el conocimiento que tienen sobre el sexo, ¡yo sé más! También les recuerdo que, como familia, tenemos cierto código de creencias acerca de lo espiritual y del sexo.

Algunos consideran que estoy equivocado en cuanto a lo que creo que Dios ha dicho acerca del cuerpo humano y la sexualidad. Está bien, sin embargo, es muy bueno que nuestros hijos sepan el código de valores que se tienen en la familia, y que desarrollen la disciplina de seguirlo. Eso se logra si tus códigos de valores son puntos fijos en la trayectoria de vida de tus hijos e hijas, o sea, no se mueven con el cauce de la sociedad, sino se sostienen de raíces profundas que has sembrado.

Tuve una juventud sin promiscuidad sexual. Sé que muchos sicólogos contemporáneos insisten en no reprimir los instintos sexuales de los jóvenes; sin embargo, crecí sin andar como conejito y no me fue mal en la vida. Mis anormalidades como papá pueden ser atribuidas a otras causas pero no a la falta de relaciones sexuales en mi juventud.

EL TESORO. EL TRONO. EL TEMPLO

Desde pequeñas les enseñé a mis hijas lo que yo llamo «El Triángulo de la Vida»:

La mente es un **tesoro** donde sólo debe haber oro.

El corazón es un **trono** donde se sienta un rey.

El cuerpo es un **templo** para adorar.

Le puse «El Triángulo de la Vida» porque me las llevo de 'creativo' y pensé que iba a sonar interesante a los oídos de mis hijas. La verdad, sólo a mí me sonaba interesante y ellas ya ni se acuerdan cómo se llama el asunto ése. Aunque no recuerden el título de novela barata que le elegí, sé que se acuerdan de la enseñanza: la mente es un **tesoro** donde sólo debe haber oro.

Les expliqué que lo que dejaran entrar a su mente era algo que eventualmente iba a salir.

La mente es un repositorio, es un cofre donde se guarda lo que luego conducirá las decisiones de nuestra vida. Si dejamos entrar basura, basura va a salir de allí. Todo lo que descarguen de los medios, de la cultura, cae a la mente.

Mientras podamos, los papás debemos ser templarios que celosamente cuidamos las puertas de entrada a la mente de nuestros hijos e hijas. Al mismo tiempo, les debemos enseñar que su mente es un tesoro y ellos, ellas, también lo deben cuidar. Deben ser responsables de guardar la entrada a su mente cuidando qué clase de cosas dejan ingresar.

Los papás debemos entonces definir «basura».

Qué es «bueno» y qué es «basura» debe ser definido a partir de los valores que tengamos en casa. Si permitimos que eso lo defina alguna personalidad famosa, si dejamos que lo determine la cultura en general, estamos condenando a nuestros hijos e hijas a vivir de acuerdo a las corrientes populares. Si estudias un poco la historia, te darás cuenta que «la mayoría» casi siempre ha estado equivocada. No podemos dejar que la democracia sexual sea un tirano en nuestra casa.

También, a mis hijas les he enseñado que su corazón es un **trono**. Es un trono donde se va a sentar un rey.

Les he explicado que el corazón es el centro de nuestras emociones. Les leo *La Biblia* donde dice que hay que cuidar, aún más que todas las cosas importantes, el corazón, porque de ahí sale la vida.

Les he enseñado que el sexo está vinculado con el corazón. Les explico que no es sólo una función física, sino que la intimidad sexual se convierte en intimidad emocional y que yo creo que también se convierte en intimidad espiritual.

Cuando tienen relaciones sexuales, le están cediendo el trono del corazón a esa persona. Aprovecho la oportunidad para enseñarles que se deben hacer respetar y exigir que los chicos las respeten.

A mis hijas siempre les he dicho que son princesas, y que por eso las trato como las reinas que serán. Me dirijo a ellas como a reinas. Siempre le estoy hablando a la reina que tienen en el corazón, esa mujer de excelencia y honor que pronto llegarán a ser.

Les explico que, como son reinas, no pueden permitir que cualquier chico les hable o las trate como si fueran plebeyas. Les he enseñado que sólo un príncipe sabe tratar a una princesa. Que sólo un rey sabe tratar a una reina. Ellas deben estar atentas y escuchar si el chico sabe hablarle a la realeza que ellas llevan dentro. Sólo chicos que sean de la «nobleza» (que sean «nobles»), sabrán cómo hablar y tratar con nobleza a mis hijas.

En mis conferencias a padres de familia enseño que la misma premisa sirve para dirigirse a los hijos varones. Los padres de familia deben reconocer que sus hijos llevan ese rey en el corazón, ese hombre de excelencia y honor que pronto serán. Es imposible pretender que nuestros hijos lleguen a la estatura de un rey si nosotros mismos, en la casa, los tratamos como bufones.

Si nuestros hijos son reyes, si nuestras hijas son reinas, deben de cuidar quién se sienta en el trono de sus corazones. No le pueden dar sus emociones a cualquiera que pasa por ahí. Quien se siente en el corazón de mis hijas, será su dueño. ¡#$%/&★≠@#∂†∞! -no podía reproducir las expresiones calificativas de alto colorido que quería porque sino mi hija me cobraba varios dólares-.

También, les he enseñado que su cuerpo es un **templo**. Cuando les digo eso, me miran de pies a cabeza, entonces, como con mis ciento y pico de kilos no soy necesariamente delgado, les aclaro que algunos tienen un templo más grande y que otros, tenemos una catedral.

Les he enseñado lo que *La Biblia* dice acerca de que el cuerpo es un templo para adorar a Dios y, por lo tanto, hay que respetarlo y honrarlo.

No podemos dejar a cualquiera entrar en un templo sagrado.

No podemos permitir que jueguen con el templo porque es para adorar.

El templo no es para que lo usen otros para sus deseos personales.

Podemos adornar el templo, podemos mejorarlo, pero no podemos descuidarlo dejándolo olvidado en las manos de alguien más.

Sí, para mis hijas la mente es un tesoro donde sólo debe haber oro. El corazón, un trono donde se sienta un rey. El cuerpo es un templo para adorar.

Puedes no estar de acuerdo conmigo, pero mi consejo es que les des a tus hijos y a tus hijas algo sólido, algún absoluto en qué creer acerca de su cuerpo, sus emociones y el sexo.

Quiero que mis hijas tengan mucho sexo, mucho, mucho sexo. Aspiro a que lo tengan con la persona con quien van a compartir el resto de la vida, porque al tener sexo con esa persona, estarán ya compartiendo todo los valores que les he enseñado acerca de la vida.

CAPÍTULO 8
LOS MEDIOS

EL PAPÁ IMPERFECTO
SABE QUE SER PAPÁ
ES COMO RASURARSE;
NO IMPORTA
QUÉ TAN BIEN TE RASURES,
AL DÍA SIGUIENTE,
LO TIENES QUE HACER DE NUEVO.

El Internet nos grita «Críen a sus hijos o yo lo haré por ustedes».

El problema del Internet no es la pornografía. El problema del Internet no es la seguridad. El problema del Internet no es tanta basura. El problema del Internet somos los papás.

Para la generación de los abuelos, la computadora era un aparato de lujo. Para la generación de los padres, la computadora era una herramienta de trabajo. Para esta generación de chicos, la computadora es parte de la vida cotidiana y como todo en la vida, nos toca a los padres ayudarlos a gozar de los beneficios y protegerlos de los peligros.

Nuestros hijos deben de tener un límite de tiempo frente a la pantalla. Ya no es cuánto tiempo miran televisión; de lo que tenemos que hablar es de cuánto tiempo pasan delante de la pantalla.

Nuestros hijos y nuestras hijas vivirán gran parte de sus vidas en las redes sociales, es una realidad de esta era. Sin embargo, nuestros hijos e hijas deben de tener límites claramente establecidos en cuánto a tiempo y forma de uso de las redes sociales.

Muchos piensan que poner límites a sus hijos es restringirles la vida. La verdad es que son los límites los que les servirán para no ir más allá y caer en un precipicio del que posiblemente no podrán salir.

Muchos padres no quieren entrar en polémica con sus hijos, entonces, les dejan la puerta totalmente abierta para que hagan con su vida digital lo que deseen. Debemos tener cuidado porque, por no entrar en argumentos con nuestros hijos, podemos estar permitiendo que desarrollen hábitos que luego pueden tornarse destructivos.

Otro tipo de padres son ingenuos y piensan que «no pasa nada», que es inofensivo que sus hijos o hijas pasen tanto tiempo en las redes sociales. Sin embargo, el Internet es como un animal salvaje domesticado; puede estar en casa y jugar con los niños, pero no debemos olvidar que tiene un lado feroz con la posibilidad de voltearse contra nosotros y comernos de desayuno.

La vida contemporánea es complicada. Tiene variables nunca antes consideradas. Los niños y las niñas hoy crecen de manera diferente a como nosotros crecimos, saben otras cosas. (¡No hay que decírselos, pero creo que hasta son más inteligentes!).

Cuando yo era niño, en mi casa, el menú de comida era sencillo, consistía en dos opciones; «o te lo comes, o no comes».

Actualmente, todo es tan complicado. Cada hija tiene su cereal preferido, su pan preferido, su bebida preferida. Antes podíamos ver dos ó tres canales de T.V., ahora hay cien. Hoy está el Internet. «No es justo», pienso y me enfado. «Fue más fácil para mis papás que para mí», digo levantando el puño al cielo. Luego, considero la clase de hijo que fui y la clase de hijas que tengo. No, me quedo con mis hijas y sus opciones.

Parte del problema con los medios de hoy en día, es que se nos olvida que nosotros somos adultos y nuestros hijos no -¡aunque mi esposa insiste que ella es la única adulta en nuestra casa!-. Pensamos que como nosotros navegamos las aguas profundas del Internet sin hundirnos, nuestros hijos no corren peligro. Eso es similar a pensar que podemos tener un arma cargada y como a nosotros no se nos va a escapar un balazo por accidente, podemos, con tranquilidad, darle el arma a un niño para que juegue con sus amigos.

El Internet es como el océano; es igual de bello como peligroso. Es confiable si lo conoces; es traicionero si te descuidas. Nuestros hijos no deben navegar sin ayuda. Yo sé que ponen cara de marineros inocentes y nos dicen que todo lo que quieren es ayudar a Dory a encontrar a Nemo. Pero, por si no sabes, ¡ni Dory ni Nemo existen! Existe Tiburón, que sí come niños como tus hijos.

En mi casa hay reglas. Las usan mis hijas para sus tareas de geometría. También hay de las otras, las que enojan a nuestras hijas. Luego hay otras, las que dispone mi esposa y me enojan a mí. Igual, desconozco dónde están las reglas que usan mis hijas y no memoricé las que pone mi esposa. Pero, una que puse yo y que sí sé, es que cualquier computadora tiene que estar en un lugar visible. Yo sé que las asociaciones de Los Derechos de la Niñez han escrito largos documentos -muy aburridos, por cierto- acerca del respeto a la privacidad de los niños y amenazan con meterme a la cárcel si en mi casa mando yo y no mis hijas. Sin embargo, quiero decir que el responsable de mis hijas soy yo, y no gente con acento europeo que probablemente no tiene hijos y que escribe documentos aburridos en reuniones que hacen en hoteles de cinco estrellas. En mi casa, si se usa la computadora, cualquiera debe poder ver la pantalla.

Esto es, no porque no confío en mis hijas, confío plenamente en lo que les he enseñado hasta ahora y confío en su palabra cuando me dicen que están navegando porque quieren ayudar a Dory a buscar a Nemo. Confío en sus intenciones.

Sin embargo, no han vivido lo suficiente para tener buen juicio y no puedo permitir exponerlas a que algo les haga daño. Más adelante en la vida, ellas podrán decidir qué creer, qué ver, qué leer; podrán decidir por dónde navegar.

Por ahora, si lo que está sucediendo en la pantalla de la compu, no puede ser expuesto públicamente, entonces no es para ellas. Esto les enseña intrínsecamente que hay valores familiares que mantenemos y que la casa se respeta y se honra.

También, por su edad, por seguridad y hasta que desarrollen responsabilidad personal, nosotros con mi esposa, tenemos acceso a las cuentas de correo electrónico y a sus claves de las redes sociales. Esto no sólo pretende «controlarlas», sino que es para cuidarlas del peligro de tantos depredadores que sólo andan buscando a qué chicos y a qué chicas engañar.

Soy un papá presumido; cada una de mis hijas tiene su propia computadora portátil. Cuando se las entregamos, les dijimos que, como en todo, tenían que ser buenas administradoras de lo que les estábamos dando. Les explicamos que si bien las compus eran «de ellas», eso no significaba que podían hacer lo que quisieran con éstas. La pregunta entonces no es si *pueden* hacer lo que quieren con sus computadoras. La pregunta es si *deben* hacer lo que quieren con sus computadoras.

Además, les demostré cómo su mamá o yo, podíamos desde cualquier otra computadora conectarnos a las de ellas y ver lo que estaban haciendo. Y es cierto, yo viajo mucho dando conferencias y desde cualquier lugar del mundo donde esté, puedo tener acceso remoto a cualquiera de las computadora de mi casa. A veces me gusta hacerlo sólo para fastidiar a mis hijas o a mi esposa; obtengo acceso remoto y empiezo a moverles cosas y a cambiarles opciones. ¡Me divierto tratando de imaginarme sus caritas de frustración al ver que el cursor se mueve solo!

Esto tal vez sonará a demasiadas restricciones. Sin embargo, cada papá tiene que decidir cuánto proteger y cuánto exponer a sus hijos e hijas. Personalmente, no considero que estas reglas limiten o trunquen las libertades de mis hijas, las considero como los Diez Mandamientos. Muchos que leen los Diez Mandamientos por arriba, sin profundizar, piensan que están ahí para restringir, no es así.

Si los leemos detenidamente, nos daremos cuenta de que no están para restringirnos, sino que están para protegernos.

Nuestros hijos e hijas deben de saber que las reglas que establezcamos en nuestra casa acerca de los medios, no están para restringir sino que están para proteger. Por otro lado, es importante que no sólo les apaguemos la pantalla del televisor cada vez que aparece algo que no nos gusta. Es necesario que les hablemos y les expliquemos la diferencia entre los valores que se están comunicando en los medios y los valores que tenemos en la familia.

El otro día reflexionaba y pensaba que lo que divide a las generaciones no es la edad. Estoy convencido de que lo que divide a las generaciones actuales es la música espantosa y diabólica; ésa que a mis hijas les gusta. Luego, me puse a pensar que lo que dividía mi generación de la de mis papás, era la música espantosa y diabólica que a mí me gustaba.

Pero la brecha generacional entre la música espantosa y diabólica que le gusta a tus hijos y la música espantosa y diabólica que te gusta a ti, no debe ser razón para que te apartes de lo que están oyendo y viendo.

Es importante que conforme nuestros hijos e hijas vayan creciendo y madurando, nos sentemos con ellos y ellas a oír su música, a ver sus películas. Debemos aprovechar esos momentos para hablar de la letra de las canciones, hacerlos pensar acerca de los mensajes en las películas. Pero por favor, no vayas a forzar un cine-*forum* cada vez que se ve una película en tu casa. Sé espontáneo en aprovechar las oportunidades.

No sólo es el tiempo de pantalla lo que puede convertirse en algo dañino para nuestros hijos, hay algo más importante; lo que la pantalla enseña.

Las celebridades en los medios de comunicación son probablemente la influencia más poderosa en la vida de nuestros hijos. Esto no es culpa de las celebridades, eso es culpa nuestra. Tengo que hacerte una pregunta: ¿Quién tiene el control en tu casa? ¡Ya establecimos sin lugar a duda que mi esposa tiene el control en la mía! Pero estoy hablando del aparato que controla la televisión. Ese dispositivo que, cuando lo queremos, nunca lo encontramos porque está debajo del sillón lleno de polvo y mordisqueado por la perrita.

El control lo debemos de tener los papás. Qué ven nuestros hijos, cuándo y cuánto, es responsabilidad de los padres, no de los hijos.

Cuando doy mis conferencias a padres de familia -siempre las grabo para oírlas después y ver si aprendo algo de lo que dije-, les pregunto: «¿Ustedes dejarían en la mesa de la entrada de la casa una revista pornográfica abierta en las fotografías más reveladoras donde una pareja está teniendo relaciones sexuales?». La mayoría, casi todos, contestan que «no».

«Entonces» -pregunto-, «¿por qué permitimos que a través de la pantalla de televisión o el Internet esté eso en nuestra casa?».

«¿Cuántos de ustedes permitirían que llegara un ladrón a su casa y convenciera a sus hijos que robar es bueno porque es una forma de alcanzar riqueza?». Todos responden que no lo consentirían. A lo que yo les pregunto: «Entonces ¿por qué permiten que ese mensaje se dé en la televisión en su casa sin ser rebatido por ustedes?».

Tienes que ser congruente con lo que crees. Los hijos aprecian cuando la familia tiene un código de valores y los vive sin temor y no permite que sean ridiculizados por payasos que se creen filósofos contemporáneos sólo porque cantan bonito o porque tienen buen cuerpo.

Por otro lado, la idea no es convertir la casa en un convento inmaculado. Nuestros hijos tienen que saber discernir; esto es poder diferenciar entre lo bueno y lo malo. La mejor manera de que nuestros hijos aprendan discernimiento es que en nuestra casa se sepa «por qué no vemos este tipo de material». No es sólo «porque a mi papá no le gusta», sino porque «nuestros valores son diferentes a los que te están tratando de enseñar».

Nuestros hijos verán televisión en la casa de sus amigos, serán invadidos por la pornografía barata de la publicidad en las calles, seguro verán películas cuando no estemos. Por eso tienen que saber lo que creemos. Tienen que conocer los valores a los que nos suscribimos.

La mejor forma de protegerlos de los peligros del mundo y de la vida, es prepararlos para el mundo y la vida.

Con ferocidad debemos de defender la mente y corazón de nuestros hijos. Ellos pueden descargar pornografía del Internet a la compu y luego borrarla, pero una vez que la pornografía bajó a sus mentes, es imposible borrarla.

Sin misericordia, los medios tratan de subir cada vez más el umbral de contenido sexual que pueden exponer.

Un día, mi hija estaba viendo una película. La costumbre en mi casa es que no se ven películas a solas a menos que sea *¡Buscando a Nemo!* ¡Ésta no era *Buscando a Nemo!*, por lo que me senté al otro lado de la sala a trabajar en mi computadora.

En un instante, mis antenitas de vinil interceptaron música sediciosa. Levanté la vista para ver qué estaba sucediendo en la pantalla y mis peores sospechas se convirtieron en realidad: la chica de la película ya estaba sin blusa, y el apuesto héroe parecía un pulpo -se movía como si tuviera ocho manos el tipo-.

Me percaté de la invasión a la mente de mi hija y en un instante me transformé en un súper héroe audaz. Como pude, me levanté de la silla, imitando la destreza del Maestro Yoda. Me tropecé con el cable de la computadora y ésta salió volando. Con una mano, la logré atrapar en el aire y al mismo tiempo regresarla a la mesa mientras que con la otra, me extendí para apoyarme y levantarme a defender heroicamente a mi hija. Me empujé y como trapecista del *Cirque du Soleil*, di un salto para pasar por encima del sillón. Volé por el aire como el Hombre Araña dominando los ciento y pico de kilos de mi cuerpo con agilidad de ninja. Caí en el suelo como Iron Man, di una vuelta con elegancia de bailarín de ballet y en un soplo, alcancé el control remoto que estaba en el otro sillón. Me planté con fuerza delante de la televisión en posición de combate sujetando el control como que fuera un arma en la mano de Rambo y lo extendí para cambiar de canal.

De reojo, vi a mi hija que tenía prendidos los ojos en mí y la boca totalmente abierta. Nunca la había visto tan asustada.

Su mirada era entre asombro y miedo; la pobre no sabía si era Buzz Lightyear el que había pasado volando por encima de ella, o si en realidad era su papá tratando de imitar a Kung Fu Panda.

Cuando vio el control en mi mano y la escena en la película, su mirada cambió de asombro a fastidio, soltó una carcajada y me dijo: «¡Papi, no pasa nada, yo ya la vi!».

Inmediatamente bajé el control, retomé mi compostura y con la astucia de un político corrupto le dije: «No, tranquila nena, sólo quería ver si el control tenía baterías». Con eso, dejé el control sobre el sillón y me fui al baño a lamerme las heridas de mi ego y a ponerme ungüento muscular porque llevaba veinte años de no surcar el espacio como idiota.

Sí, los papás tenemos que proteger a nuestros hijos aunque corramos el riesgo de hacer el ridículo. Igual, si tenemos hijos adolescentes, es probable que ellos ya piensen que somos ridículos.

Yo tal vez me crea Kung Fu Panda, pero prefiero parecer un oso regordete de poca coordinación corporal, a permitir que se deje una revista pornográfica abierta en la mesa de mi casa.

Los papás tenemos que ser la mayor influencia positiva en la vida de nuestros hijos. No podemos permitir que las celebridades de la pantalla sean los modelos a seguir por ellos. Nosotros somos los que ponemos las reglas y los que les enseñamos cómo es la vida. Nosotros somos los papás, si mis hijas quieren seguir a las celebridades y vivir según la moral vacía de muchas de ellas, la puerta de mi casa es bien ancha.

CAPÍTULO 9

¿Y MAMI?

BUENOS HIJOS
HACEN BUENOS PADRES
QUE HACEN BUENOS HIJOS.

Puedes pasar dieciocho años respaldando abnegadamente a tus hijas y a tus hijos. Puedes pagarles la mejor educación y comprarles la mejor ropa. Puedes conseguirles novias bonitas y espantarles a los novios más feos.

Puedes arreglar para que asistan a reuniones donde conocerán a personas importantes para su futuro. Puedes enviarlas a las mejores academias de música, arte y deporte. Puedes arreglar que vayan a estudiar al extranjero a la mejor universidad. Pero, al final del día, cuando sean grandes y regresen a casa para visitarte y te encuentren lavando tu auto o viendo tu partido de fútbol, antes de saludarte y darte un beso, siempre, siempre te preguntarán: «¡¿Y mami?!».

Esto no es sólo porque la quieren más que a ti, esto lo aprendieron en casa, de ti mismo. Cuando los papás entramos a la casa y vemos a nuestras hijas, siempre, siempre lo primero que hacemos es preguntar: «¿Y tu mamá?». Cuando amamos a nuestras esposas, también les estamos enseñando a nuestros hijos e hijas a amar a sus esposos o esposas.

Yo venero a mi esposa, y especialmente la trato como realeza delante de mis hijas. Esto lo hago por dos razones.

Primera, porque entonces así me va bien con ella durante el día, ¡y no digamos en la noche! Segunda, porque les estoy enseñando a mis hijas un parámetro de cómo deben esperar ser tratadas.

Nuestros hijos tratarán a sus esposas como vieron que sus papás trataban a sus mamás. Nuestras hijas, conciente o inconcientemente, buscarán a hombres que las traten como vieron que tú trataste a su mamá.

Nuestras hijas se harán respetar si en casa vieron que su papá respetaba a la mamá. El cariño, el respeto, la admiración que le tengamos a nuestra esposa, será llevado al hogar de nuestros hijos e hijas cuando se casen.

Como papás, debemos demandar respeto y admiración por nuestra esposa. No podemos permitir que nuestros hijos le falten el respeto a su mamá. Por nuestra parte, de ninguna forma, en ningún momento podemos faltarle el respeto a nuestra esposa.

El primer concepto que los hijos y las hijas se forman de la mujer, viene de la manera en que los papás tratamos a nuestra esposa. Si nos creemos muy machos y lo que hacemos en casa es favorecer la creencia que nuestras esposas están para servirnos, lo que aprenderán nuestros hijos es que la mujer está para servir al hombre.

Si nosotros como papás denigramos a la mujer al tratar como inferior a nuestra esposa, nuestras hijas crecerán con la idea que son inferiores al hombre y los hijos crecerán denigrando a las mujeres.

Nunca le he alzado la voz a mi esposa, ni en privado ni delante de mis hijas. Así, ellas están aprendiendo a que en una pareja uno debe saber pelearse en paz.

En mis conferencias para padres de familia y noviazgos siempre digo que mi esposa nunca argumenta conmigo porque sabe quién tiene la razón; ¡yo! Ella, por supuesto, tiene otra teoría: dice que no quiere perder su tiempo cuando, de todos modos, se va a hacer lo que ella dice. Igual, nuestras hijas saben que en la diferencia de opiniones hay sabiduría y que cuando en una pareja los dos piensan de la misma forma, uno de los dos no es necesario.

La manera en que respeto a mi esposa y el modo en que ella se da a respetar es una de las grandes lecciones diarias que les podemos enseñar a nuestras hijas.

Mi esposa y yo no pensamos igual -ella sí sabe lo que hace-. Aún así, aunque tengamos opiniones diferentes acerca de asuntos específicos, respetamos nuestras decisiones sin hacer sentir a la familia que uno de los dos es la víctima y se sacrifica en la hoguera de la decisión.

Por eso, tengo que tener cuidado de que mis hijas no tengan mucha mamá y poco papá. Pero sé que si tienen mucho papá y poca mamá, seguro será un desastre, para ellas y para mí.

Por ejemplo, mi hija quiere ponerse un *piercing*, desea un diamantito en la nariz. No veo el problema, yo también me quiero poner uno, pero mi esposa, siendo la dama que es, tiene otras opiniones. Dice que si mi hija o yo nos ponemos un *piercing*, que nos lo pongamos en una de las nalgas para que cada vez que nos sentemos, nos recordemos de ella. Creo que, por ahora, mi hija y yo, desistiremos de la idea.

Aunque no le veo nada malo y aunque mi hija lo quiere, no hemos elevado esta discusión a niveles de política global sobre los Derechos Humanos y las Libertades Personales. Es sólo un hoyito en la nariz, no tiene la importancia de donar un riñón o decidir si mi hija se casa con el Diablo o uno de sus parientes.

Es maravilloso ver en los ojos de mi hija que ella entiende que, aunque podríamos ponernos el aro como si fuéramos toros egipcios, no lo hacemos por amor a su mamá -¡y por supervivencia personal!-.

Mi hija sabe que llegará el día en que ella podrá tomar sus propias decisiones y sabe que la apoyaremos. Por lo pronto, ya pasé la mayoría de edad ¡y no sé si me permitirán aún ponerme el *piercing*!

En mi caso, por amor y respeto a mi esposa no lo hago, y eso tiene una fuerza de enseñanza inigualable.

Respeto su intelecto. Es una mujer muy inteligente -aunque mis amigos cuestionan a veces esto, porque no entienden cómo fue que decidió casarse conmigo-. La trato como la mujer inteligente que es. Nunca hago chistes despectivos acerca de la forma de pensar de las mujeres. Mis hijas están creciendo con la certeza que la mujer tiene su lugar en el mundo intelectual; que ser mujer no es ser tonta. Y sí, hay mujeres distraídas y tontas, pero también hay hombres distraídos y tontos. Así, como hay hombres inteligentes como su papá, hay mujeres inteligentes como su mamá.

Todos los días mis hijas están aprendiendo a ser mamás, estoy seguro de que serán madres maravillosas. Mi esposa, que es una madre espectacular, les enseña cada día a ser madres espectaculares. También, me doy cuenta de que al enseñarles cualquier cosa a mis hijas, les enseño a las hijas de mis hijas, porque es en nuestro hogar donde mis hijas están aprendiendo a ser madres.

Todos los días, momento a momento, lección tras lección, acerco más a mis chiquitas a ser mujeres. Me duele el corazón verlas crecer, pero si no crecen, me dolerá más.

Una canción de John Meyer dice:

> «*Papás, sean buenos con sus hijas.*
> *Las hijas llegarán a amar como ustedes aman.*
> *Las niñas se convierten en amantes*
> *que se convierten en madres.*
> *Así que madres, sean buenas con sus hijas*».

Mi esposa es mi amante, mis hijas están aprendiendo cómo amar y cómo dejarse amar.

Mi esposa es mi novia, mis hijas están aprendiendo a llevar un noviazgo; están aprendiendo qué permitir y qué no permitir.

Mi esposa es mi amiga, mis hijas están aprendiendo a encaminar una amistad.

Tengo que ser modelo para mis hijas -gracias a Dios no de ropa-. Tengo que ser modelo de lo que ellas deben esperar de sus amigos, de su novio y de su esposo. Esto no lo puedo lograr sin mi esposa, porque ella también es modelo de mujer. El lugar que mis hijas se hagan mañana en el mundo, lo están aprendiendo hoy en la casa. Mi esposa y yo se los estamos enseñando.

No debemos entonces, sentirnos celosos de que nuestra esposa ame más ser madre que esposa; igual, fuimos nosotros los papás los que las hicimos madres. Además, creo que se gozan más en criar hijos que en cuidar maridos.

Por ejemplo, mi esposa y yo, somos padres de dos hijas mujeres, y las dos hijas son increíblemente maravillosas. Yo tengo que entender que el tesoro de mi esposa son nuestras hijas, yo, ¡yo soy más como el pirata borracho que carga el cofre!

El amor de una madre es una fuerza sin rival en la naturaleza. Ahora que soy papá, me doy cuenta de la sabiduría perfecta de Dios al diseñar que fuera la mamá la que diera nacimiento a nuevas criaturas y que tuviera un instinto implacable de proteger a sus crías. No me puedo imaginar qué sería de la raza humana si los papás fuéramos los que diéramos a luz a los bebés.

Por eso es que temo por los pretendientes de mis hijas -no por mí, yo arreglo mis celos de una forma muy pragmática-. Antes de ganarse el corazón de alguna de mis hijas, ese pobre chico tendrá que ganarse el corazón de mi esposa; yo me lo tuve que ganar, sé lo difícil que es. ¡Que la «fuerza» lo acompañe!

En mis conferencias, les digo a los chicos que si se quieren casar con una chica que luego será una buena esposa tienen que buscar a alguien que sea una buena hija. Una de las cosas positivas de casarse con alguien que es una buena hija, es que generalmente tuvieron una buena madre, lo que ayudará en la relación suegra-yerno.

Las suegras son una especie rara; ¡algunos dicen que es una lástima que no estén en extinción!

La suegra ha sido representada como malévola y astuta. Ha sido el tema de chistes y se le ha dado el papel de rencillosa en telenovelas baratas.

Sin embargo, las suegras no tienen que ser así. El problema básico del vínculo entre la suegra y la nuera es que están involucradas en una situación en la que dos mujeres aman al mismo hombre, son la madre y la esposa.

Por eso es importante que los papás aprendamos a vivir con las mujeres que nos aman.

Uno de los mandamientos más importantes que da *La Biblia* es el de honrar a los padres. Ahora que soy papá, ese mandamiento me gusta más.

A mis hijas les he enseñado que deben honrar a su papá y a su mamá. Pero esto no se logra sólo gritando la orden. Para que nuestros hijos nos honren, hay dos cosas que tenemos qué hacer:

1.- Honrar a nuestros hijos. Me tengo que ganar el respeto y la admiración de mis hijas cada segundo. Y la forma más fácil que he encontrado de hacerlo es respetándolas y admirándolas. La honra se aprende de los papás. ¿Quieres que tus hijos te honren? Hónralos tu primero.

2.- Honrar a nuestros padres, especialmente si aún están con vida. Nuestros hijos e hijas observan cómo amamos a nuestros padres. Ven cada actitud y oyen cada comentario.

Los padres de mi esposa merecen ser honrados, no son mis padres, pero son los padres de mi esposa. Hago lo posible por honrar a mis suegros, de bendecirlos; amarlos y respetarlos. Si honro a mis suegros me va bien porque mi suegro siempre me regala cosas, mi suegra siempre me sonríe y mi esposa me dice que soy un bombón.

Mi esposa, por su lado, siempre está bendiciendo a mis papás. Nuestras hijas ven eso y aprenden.

Honrar a los padres de mi esposa no sólo le demuestra amor a ella, sino que es cumplir un mandamiento que me traerá honra a su debido tiempo. Es enseñarles a mis hijas que en efecto, hay que honrar a los padres.

Tengo la corazonada que mis suegros, al fin de muchos años, me están empezando a querer. No sé si ya me han perdonado que me haya llevado a su nena, pero sé que me quieren, me lo demuestran. Ellos han visto el amor que le tengo a su hija y ven lo felices que somos.

Me casé con una mujer que era buena hija, eso garantizó que fuera buena madre. Desde pequeña, mi esposa aprendió en su casa quien manda... ¡la mamá!

Yo sé lo que el machismo latinoamericano dice. Sé lo que las autoridades de las Iglesias piensan acerca del liderazgo del hombre. Sé dice que el hombre es quien debe mandar.

Sin embargo, para incrementar el número de posibilidades de tener éxito como papá, acepté con prontitud el hecho que mi esposa está a cargo de la casa. Igual, ya no es mi casa. Es la de mi esposa y la de mis hijas.

Mi esposa es *chef*, enfermera, directora de logística y transporte. Ella es diseñadora de interiores y costurera, es gerente de compras y gerente financiero. Es cuenta cuentos y detectora de mentiras. Es referí y consejera, líder de equipo y porrista. Yo, yo soy el papá, a veces ayudo en otras cosas. Por ejemplo, aunque creo que cocino muy rico, mis hijas, por regla general, prefieren esperar a que llegue su mamá para comer lo que ella les prepara -tengo la leve sospecha que no confían en mi cocina-.

Yo fui bendecido con una esposa sacada de los catálogos más exclusivos de diosas, ¡quién dice que la Mujer Maravilla no existe! Ella ya traía un *chip* con la mejor programación de cómo ser madre y cómo tolerar al marido.

Mis hijas saben que en la casa manda su mamá y son tan ingratas que ni siquiera me hacen pensar que mando yo. Siempre que hago algo que no debería hacer, ellas me dicen: «Mi mamá te va a matar». Ahora que lo pienso, nunca me han dado una queja de su mamá, pero siempre que pueden le dan a ella quejas mías. Tal vez tiene que ver con que cometo más tonterías que mi esposa, no sé.

Por todo esto, ¿cómo no voy a amar a mi esposa? Dios me dio una chica que adora mi corazón imperfecto y abraza mi cuerpo oblongo. Quiere ahorcarme cuando hago tonterías, pero al agarrarme el cuello, la traiciona el amor y la seduzco a perdonarme -y a otras cositas-.

Sé que hay veces que no entiende cabalmente las aventuras en las que me meto, pero confía en mí y me hace sentir como un súper héroe. Aún en mis peores necedades, no deja de hablarme claro, y en mis momentos más tristes, su sonrisa seca la lágrima más amarga.

En estos últimos meses en los que he estado escribiendo, para no cumplir con ciertas responsabilidades que mi esposa me había dado para hacer en casa, yo usaba como excusa el compromiso que tenía de terminar este libro. Ella, a quien no le impresiona ningún escritor -especialmente los que no son buenos-, me dice: «¡Primero vení a cenar, luego te hacés pasar por García Márquez!».

Ella es mi alma gemela, es como mi mejor amiga. Es mi amante y mi novia. Es mi consejera y la dueña de mi corazón. Además, es la madre de mis hijas, sin ella, mi vida sería un desastre. Ella, es mi musa.

Es cierto, entro a la casa y lo primero que pregunto es: «¿Y tu mami?».

CAPÍTULO 10

EL FINAL ES EL PRINCIPIO

UNA NOCHE UN PADRE ESCUCHÓ
QUE SU HIJA ORABA:
«DIOS, PERMÍTEME CASARME
CON UN HOMBRE TAN BUENO
COMO MI PAPI».
MAS TARDE, EL PAPÁ ORABA:
«DIOS, PERMÍTEME SER
LA CLASE DE HOMBRE
QUE MI HIJA PIENSA QUE SOY»

Los libros de auto-ayuda y los libros que presentan fórmulas y pasos para alcanzar objetivos requieren que creas en las ideas que proponen, si no las crees, no te funcionan.

No puedo pedirte que creas en nada. Sin embargo, me atrevo a pedirte que, cómo mínimo, creas en ti como papá para que puedas creer en tus hijos y en tus hijas. Uno de los mejores regalos que les puedes dar a tus hijos es creer en ellos.

Está bien que no sepas todo, está bien que no tengas una respuesta para todo, nadie las tiene. Está bien que te equivoques, igual, sólo Dios hace bien las cosas desde la primera vez.

En mi propio caso, conforme mis hijas crecen y van haciendo cada vez más preguntas, poco a poco me doy cuenta de lo mucho que no sé. Aunque tiene sus ventajas ser ignorante, porque cuando mi esposa pregunta dónde está alguna cosa que yo usé y no dejé en su lugar, puedo contestar: «... no sé».

El papá imperfecto no tiene final, siempre está mejorando. Constantemente está corrigiendo su rumbo para lograr que sus hijos y sus hijas sobrevivan el hecho que él es su padre.

Como no somos perfectos y rehusamos libros que nos dicen cómo serlo, somos inventivos y audaces. Sí, a veces cruzamos las fronteras del peligro; pero salimos adelante y nuestros hijos e hijas sobreviven la aventura.

Cuando mis hijas eran bebés y mi esposa se atrevía a darme a una de las dos para que la cargara, yo nunca sabía qué hacer. Siempre lloraban y lloraban fuerte; no sé por qué lloraban, y no sabía cómo calmarlas. Papá imperfecto al fin, fui inventivo y audaz. Lo que hacía era cargarlas y, con la excusa de abrazarlas, las apretaba más fuerte para que lloraran más fuerte aún. Con eso lograba que un alma piadosa llegara, y al ver mi cara de papá tonto, me quitara a la criatura para calmarla. No es lo más recomendable, es cierto, pero me funcionó. Una solución imperfecta de un papá imperfecto.

Un poema hebreo dice que los hijos son como un regalo. Entonces, los debemos tratar como regalos, como algo especial y maravilloso que se nos ha dado.

Dice el poema que los hijos son como flechas en un arco en las manos de un guerrero. La verdad, no parezco ningún guerrero -a menos que continuemos con la comparación con Kung Fu Panda-. Sin embargo, creo que lo que el poema quiere decir es que llegará el día en que nuestros hijos y nuestras hijas dejarán «el arco», el hogar, y por lo tanto deben de estar listos.

Una vez que la flecha abandona el arco, ya no hay forma de cambiar su rumbo. Por eso, es que mientras nuestros hijos e hijas aún están en nuestras manos -como flechas en el arco de algún guerrero–, debemos apuntar bien y tener seguridad de a dónde queremos lanzarlos, porque una vez que se separen y dejen el arco, es muy poco lo que podremos hacer.

Sin embargo, siempre hay esperanza. Tal vez tienes un hijo o una hija que está en circunstancias complicadas. Se ha involucrado en cosas de las que no sólo no estás orgulloso, sino que también pueden ser de peligro para él o ella.

Cualquiera que sea la situación, no puedes ser tú el que deje de creer en él, en ella. Es probable que ya todos los hayan descartado; el gobierno los ha desacreditado, la iglesia se ha olvidado de ellos, la sociedad los ha desterrado, el resto de tu familia ha dejado de creer en ellos, en ellas. Pero él, o ella, debe saber que tiene a alguien que cree que existe la posibilidad de redención. No importa si tú crees que te has equivocado, créeme, sí, te has equivocado; pero ése no es el final. Debes de creer en tu hijo o hija, debes de creer que hay esperanza para él o ella. Debes de creer, todos los días de tu vida, hasta el día en que des tu último respiro, debes de salir al camino por donde él o ella se fue y esperar, puede ser que hoy, sea el día en que regrese.

El bien que haz hecho en la vida de tus hijos, por muy poco que pienses que haya sido, puede dar fruto y desplazar el mal que hayas cometido.

El papá perfecto se equivoca, el imperfecto también. La diferencia está en que el papá perfecto insiste en que no se ha equivocado y el imperfecto, no sólo lo sabe sino que lo admite. Si piensas que tus equivocaciones con seguridad han llevado a tus hijos e hijas a las circunstancias donde están hoy, no sigas equivocándote más, pero no los dejes, no los abandones. Lucha por ellos, busca ayuda para redimirlos.

Si fuera necesario, sé que caminarías hasta el final del mundo para ayudar a un hijo, para ayudar a una hija. La fuerza, el empuje para hacer eso se llama amor. Haz uso de todo el amor que puedas arrancar de tu corazón para luchar por tus hijos.

Si yo tuviera que criar a mis hijas otra vez me ocuparía más de ellas y menos del reloj. Corregiría menos y conectaría más. Usaría mis dedos más para pintar y menos para señalar. Dejaría de actuar menos como el serio y jugaría más en serio.

Miraría más estrellas y buscaría menos faltas. Abrazaría más y halaría menos. Besaría más y gritaría menos. Escuharía más y hablaría menos. Me quedaría despierto una hora más con ellas. Caminaría un kilómetro más de la mano con ellas. Reiría más y frunciría menos. Les hablaría más de las opiniones de Dios y menos de las mías.

Un día me encontraba en Australia tomando vino con uno de los hombres más adinerados de Europa. Un tipo anglosajón, alto, de ojos azules y mirada profunda. Ha conseguido la clase de logros que la mayoría de mortales sólo sueñan con alcanzar. Esa noche, en el lujoso balcón de uno de sus condominios, hablábamos sobre la Reina de Inglaterra, quien hacía apenas unas semanas le había otorgado el título de *Lord*.

Mientras él hablaba, utilicé todas mis habilidades teatrales para aparentar que estaba escuchando con atención todo lo que decía Lord Edmiston. Contaba historias cautivantes y hablaba de temas sumamente interesantes -otro amigo que me acompañaba, más tarde me dijo que la conversación había estado «altamente fructífera»-.

Sucedía que La Gran Barrera de Coral nos quedaba en el cercano horizonte. Imagínate: estoy en Australia, en lo alto de un edificio de lujo con vista al mayor arrecife de coral del mundo, ¿cómo no me iba a resultar difícil concentrarme en la conversación cuando algo en mí quería ver si divisaba a Nemo o a Dory?

Confieso que de esa noche sólo me acuerdo de tres cosas: el vino estaba espectacular, no pude ver ni a Nemo ni a Dory y cuando yo le pregunté acerca de sus hijos, Lord Edmiston me contestó: «El logro más alto que puedo tener es que al final de mi vida mis hijos sepan que yo amaba a Dios y que a ellos, yo los amaba profundamente».

Esa respuesta hizo que mi corazón se saltara un latido. Indiscutiblemente, aunque tú no te subscribas a una creencia espiritual como la de este hombre, el que nuestros hijos e hijas sepan que los amamos y el que sepan que fuimos coherentes con nuestros principios y valores, es tal vez el logro más alto que podemos alcanzar.

El papá imperfecto no llega a ser perfecto cuando alcanza un logro como éste. Podemos llegar a la cima de nuestra labor como padres si somos amados, admirados y respetados por nuestros hijos e hijas, pero llegar a la cumbre no nos hace perfectos. Lo que nuestros hijos y nuestras hijas siempre amarán de nosotros, es que somos de carne y hueso; que a pesar de nuestras excentricidades y nuestras ingenuidades, fuimos la clase de papás con los que todos los hijos y las hijas del mundo siempre soñaron.

Mi meta no es llegar a ser un papá perfecto como el de las portadas de los libros tradicionales de familia. Mi meta no es cumplir los requisitos para ser un padre de catálogo. Mi meta es comenzar cada día siendo la clase de papá que, al final de la jornada, mis hijas sepan cuánto las amaba y cuánto amaba a Dios. Es el poder, «caminar en mi casa, con integridad de corazón», por esto, quiero comenzar.

ÚLTIMOS CONSEJOS

NINGÚN PADRE EXISTE
HASTA QUE NACE SU PRIMER HIJO.

Decidí dejar lo mejor para el final.

Les dejo uno de los mayores consejos que he recibido y que me acompaña en el día a día como padre:

Amen a Dios con todo su corazón, ámenlo con todas las fuerzas que tienen.

Tomen para sus vidas los mandamientos y los principios que están aquí en *La Biblia* y escríbanlos en sus corazones. No los dejen como letra muerta en un libro viejo, sino háganlos suyos y escóndanlos como un tesoro de joyas. Guárdenlos en los corazones de sus hijos y de sus hijas para que se conviertan en algo fundamental para sus vidas.

En sus casas, hablen a cada momento de los principios que encuentran aquí. Repítanle a sus hijos todas estas palabras de bien que *La Biblia* les da. Repítanlas cuando se hallen sentados en casa -por eso necesitan tiempo para estar en casa-, también, cuando salgan a caminar con sus hijos e hijas -por eso necesitan tiempo para caminar con ello-.

Hablen de estos principios desde temprano, a partir del momento en que se levantan hasta que se vayan a la cama a dormir. Deben ser lo primero que escuchan al amanecer y lo último en que piensan al anochecer.

Son importantes estos principios. Amárrenlos a sus manos para que no se les olviden y para tenerlos presentes durante el día cuando utilicen sus manos para trabajar. Estámpenlos como una marca en sus frentes; como un sello en sus mentes. Así, estos principios serán como un filtro y un referente para todo lo que piensan.

En sus casas, escríbanlos en las columnas porque los principios que están aquí en *La Biblia* son como los cimientos de una vivienda, sirven para sostener toda manera en que se vive.

Dibújenlos como un adorno en el dintel de la puerta de entrada de sus casas, así cuando ustedes y sus visitas entren, todos sabrán cómo se vive allí.

¡Hasta el próximo libro!